国家社会科学基金一般项目“非英语专业大学生通用学术词表创建与应用研究”
（编号：18BYY107）结项成果

中国大学通用学术词表创建与应用研究

马 蓉 著

科学出版社
北 京

内 容 简 介

本书采用定量和定性混合设计方法，创建了与《中国英语能力等级量表》（2018）对接的大学通用学术词表，并阐述和论证了该词表在学术英语教、学、测、研等四个方面的应用价值和应用方法，对提升我国学术英语教学的有效性和促进国际化人才培养有着重要的指导和借鉴作用。本书研究成果处于学界前沿，学术价值突出，具有理论性、实用性、针对性和创新性等特点。

本书适合从事学术英语研究，尤其是学术词汇/词表研究和学术英语教学研究的学者、教师、研究生，以及学术英语教材编写者和相关词典编纂者阅读和参考。

图书在版编目（CIP）数据

中国大学通用学术词表创建与应用研究 / 马蓉著. —北京：科学出版社，2022.6

ISBN 978-7-03-072151-8

Ⅰ. ①中… Ⅱ. ①马… Ⅲ. ①英语－词汇－教学研究－高等学校 Ⅳ. ①H319.34

中国版本图书馆 CIP 数据核字（2022）第 068559 号

责任编辑：常春娥 贾雪玲/ 责任校对：贾伟娟
责任印制：徐晓晨/ 封面设计：蓝正设计

科 学 出 版 社 出版
北京东黄城根北街 16 号
邮政编码：100717
http：//www.sciencep.com
北京虎彩文化传播有限公司 印刷
科学出版社发行 各地新华书店经销
*
2022 年 6 月第 一 版 开本：720×1000 1/16
2022 年 6 月第一次印刷 印张：14 1/2
字数：236 000
定价：98.00 元
（如有印装质量问题，我社负责调换）

前　言

教育部发布的《大学英语教学指南》（2020 版）将学术英语（即学术用途英语，English for academic purposes，EAP）纳入大学英语的教学体系，并指出大学生应该获得在学术领域或专业领域进行交流的相关能力，因此，学术英语教学的地位愈显重要。学术词汇（academic vocabulary）是学术英语教学的重要内容，也是一大难点。学术词汇是指在学术文本中除核心词汇以外使用频率较高的词汇（Paquot 2010），可分为通用学术词汇和专业学术词汇（Nation 2013）。因为通用学术词汇是各学科领域的共核词汇，有着重要的语言教学价值，本书以通用学术词汇为研究对象，探索大学通用学术词表的创建与应用。

学术词表是学术词汇的有机集合，在学术词汇的教学与研究领域发挥重要作用，有助于词汇学习目标设定、词汇能力评价、教材难度分析、教材开发、词汇学习软件设计以及词汇能力发展研究等。国内外学界虽已创建了不少通用学术词表，如考克斯黑德（Coxhead 2000）研发的通用学术词表（Academic Word List，AWL）、加德纳和戴维斯（Gardner & Davies 2014）的新通用学术词表（Academic Vocabulary List，AVL），以及上海高校大学英语教学指导委员会（2015）的《通用学术英语教学参考词表》，但这些词表仍无法满足我国学术英语教学的实际需要。

何莲珍（2020）在阐述《大学英语教学指南》（2020 版）的修订要点中指出，大学英语教学要有机融合《中国英语能力等级量表》(2018) 的相关内容。因此，本书以《中国英语能力等级量表》（2018）为参照，创建了与其对接的大学通用学术词表（University Academic Vocabulary List，UAVL），并挖掘该词表在学术英语教学领域的应用价值。

本书分为五个主要部分，共 12 章。第一部分为研究背景，包括第 1～2 章。第 1 章回顾主要背景知识，辨析核心概念，介绍全书的框架。第 2 章梳理应用语言学领域中学术词表研究的学术史，阐述创建大学通用学术词表的重要性和必要性。第二部分为大学通用学术词表创建的理论构建，包括第 3～4 章。第 3 章分析大学通用学术词表与《中国英语能力等级量表》对接的理据和方法。第 4 章回顾学术词表的研制范式，并阐述词表创建的影响因素和词表的质量评价框架。第三部分为大学通用学术词表的创建及其效度验证，包括第 5～6 章。第 5 章阐述大学通用学术词表的参考词库、编制方法和操作步骤、分级方法。第 6 章论证大学通用学术词表的效度，内容包括质量自评、覆盖率检验、同类词表对比及词表分级合理性分析。第四部分为大学通用学术词表在教学和测试等领域的应用研究，包括第 7～9 章。第 7 章探讨大学通用学术词表在学术英语教学领域的多种应用，内容包括课程设计、教材编写、学术英语的教与学等。第 8 章探讨大学通用学术词表在学术英语测试领域的应用，内容包括学术词汇测试开发的理论基础、学术词汇练习设计、《中国英语能力等级量表》四～七级的学术词汇水平测试范例等。第 9 章讨论大学通用学术词表在阅读分级程序设计、自动作文评分系统等软件开发，以及学术英语词典编纂等方面的应用。第五部分为大学通用学术词表的应用研究，包括第 10～11 章。第 10 章聚焦大学通用学术词表在文本覆盖率研究中的应用。第 11 章探讨大学通用学术词表在多维词汇习得研究中的应用。第 12 章为结语，展望未来研究。

本书的重要观点涉及以下八个方面。

第一，创建高质量的学术词表需要考虑多种影响因素。在选词标准、接受性词汇知识和产出性词汇知识、口语语体和书面语体、语料库的话题多样性、词表使用对象、收录词汇的频率选择等方面需要慎重考虑，才能保障词表的效度。学术词表创建之后需要对词表质量进行评价，共有八个评价观测点：词表目的、计算单位、语料库、主词表、其他词表、词表创建、自我评价和可用性。此外，还可以通过覆盖率和重叠词来检验词表的质量。

第二，修订《词汇知识运用能力量表》有助于阐释大学通用学术词表分级的理据。《词汇知识运用能力量表》在学术词汇能力的描述语方面，与我国大学英语各年级的教学实际尚不完全匹配。本书在大学通用学术词表与《中国英语能力等级量表》对接研究的理论基础上，对《词汇知识运用能力量表》进行合理适当的修订，使描述语更加精确和完善，从而提高《中国英语能力等级量表》的效度，助力阐释大学通用学术词表分级的理据。

第三，大学通用学术词表对接《中国英语能力等级量表》可以发挥更有效、更准确的测评指导。词表是英语考试测评内容及效度验证的重要参考。本书创建的大学通用学术词表与《中国英语能力等级量表》分量表——《词汇知识运用能力量表》对接，可以帮助学术英语学习者利用本词表准确了解自己目前的学术词汇级别，还可利用本词表有效提高目标级别的学术词汇知识运用能力。

第四，大学通用学术词表达到了高质量词表的创建要求。大学通用学术词表的质量自评报告显示，该词表具备高质量词表的特征。学术文本覆盖率和同类词表对比等效度验证的研究结果也表明，该词表具有可靠性和适用性。大学通用学术词表分级的合理性分析包括词性分布比例、各级词表的词数及其在学术语料库中的覆盖率等。结果显示，各级词表收录的词汇的词性分布合理，名词、动词、形容词和副词在各级词表中的比例恰当；大学通用学术词表分级词表较好地区分了各级词汇的难度，对《中国英语能力等级量表》各级词汇词项数量进行了合理的控制，能够正确反映非英语专业大学生各级词汇能力的学术词汇学习目标。

第五，学术词表在学术英语教学领域有着重要的应用价值。在课程设计方面，学术词表可以根据学习者的知识水平和学习需求，帮助教师和学习者分别设定长期和短期的词汇学习目标。在教材编写方面，学术词表可以用于学术英语教材文本的设计，帮助编写者正确把握教材的词汇难度和生词密度。在学术英语的教与学方面，学术词表有助于实现从输入中学习、从输出中学习、有意学习、流利性发展等四种学习途径的均匀融合。

第六，学术词表对于学术词汇测试开发有着重要的参考作用。利用学术词表开发学术词汇测试，需要区分词汇量测试（Vocabulary Size Test，VST）和词汇水平测试（Vocabulary Levels Test，VLT），以适应不同的测量目的。用于指导词汇测试开发的学术词表需要具备高质量的词汇特征。基于大学通用学术词表并与《中国英语能力等级量表》对接的学术词汇水平测试，可用于考察学习者对大学通用学术词表收录词汇的掌握情况。

第七，科普文章可以作为附带习得通用学术词汇的课外泛读优质资源。受课时限制，学术英语课堂内的学术词汇习得数量有限。开发适合课外广泛阅读的文本资源以促进词汇附带习得就显得极为重要。本书选取大学通用学术词表四级词汇作为目标词汇、科普文章作为潜在课外阅读材料。定量分析结果表明，科普文章可以作为附带习得通用学术词汇的课外泛读优质资源，且“最经济的”阅读量是 40 万词，即可以用最少的阅读量来接触最多的通用学术四级词汇。另外，学习者在词汇知识的形式识别、意义识别/回忆、语法回忆等维度的预期附带习得概率也较高。

第八，有意词表学习能够促进学术词汇的多维知识能力发展。通过为期一学年的教学实验研究发现，学习者在有意词表学习的条件下，学术词汇的多维知识均有显著性大幅提升，进步幅度由高到低依次为产出性词汇知识、接受性词汇知识、深度知识。高、中、低三个水平组学习者的多维词汇知识能力均有大幅提升，且中分组、低分组进步更快。学习者最常用、最有效的词表学习策略是记忆和重复，但在策略使用方面存在个体差异，成功的词汇学习者更注重多种策略的使用质量，不成功的词汇学习者偏向使用单一的策略。

学术价值方面，本书首次创建了与《中国英语能力等级量表》对接的大学通用学术词表，并从语料库语言学和二语习得两个理论视角探索挖掘该词表在多个领域的应用价值，研究成果处于学科前沿。大学通用学术词表的创建采用了统一的选词标准、规范的提取程序和科学的统计分析，可为其他学科领域的专业学术词表及专门用途学术词表的创建提供方法上的借鉴，也为词典学等相邻学科的发展做出了贡献。与国外的 AWL 词表和 AVL 词表相比，大学通用学术词表因创建方法的优势和考虑的多种因素，更适合我国非英语专业大学生的学术英语教学。

应用价值方面，本书可服务于学术英语教师与学习者。大学通用学术词表按照《中国英语能力等级量表》对学术词汇能力的等级要求进行了分级，该词表可用于非英语专业大学生学术英语的分级教学、分级测评、学术词汇竞赛等。本书还可服务于学术英语的教学设计者、教材出版商、科研工作者，为学术英语教材及教辅资料设计、学术词汇研究等提供理论基础、实践方法和选材依据。另外，词典编纂者和网络软件设计者亦可受益于本书。大学通用学术词表可为词典编纂、学术词汇学习软件开发提供目标词汇。

最后，衷心感谢科学出版社的工作人员。没有他们严谨的工作态度和辛勤付出，本书难以问世。由于笔者才疏学浅，疏漏和不足在所难免，诚挚欢迎各位读者批评指正。

马 蓉
江苏师范大学
2022 年 2 月

目　录

前言
图目录
表目录

第 1 章　绪论 …… 1
1.1　研究背景 …… 1
1.2　关键概念的界定 …… 4
1.3　全书框架 …… 5
1.4　小结 …… 6

第 2 章　国内外学术词表研究现状 …… 7
2.1　学术英语的理论溯源 …… 7
2.2　学术英语的教学内容 …… 8
2.3　学术词汇的概念分类 …… 9
2.4　国内外学术词表汇总 …… 12
2.5　国内外学术词表评介 …… 17
2.6　国内外学术词表创建与应用研究 …… 28
2.7　小结 …… 32

第 3 章　学术词表与《中国英语能力等级量表》的对接 …… 34
3.1　《中国英语能力等级量表》的研制背景 …… 34
3.2　《中国英语能力等级量表》研究文献综述 …… 37
3.3　分量表——《词汇知识运用能力量表》的研制 …… 38
3.4　学术词表与《中国英语能力等级量表》对接的必要性 …… 42

3.5 学术词表与《中国英语能力等级量表》的对接方法 ······45
3.6 《词汇知识运用能力量表》的修订 ······46
3.7 小结 ······49

第 4 章 学术词表的创建方法 ······50
4.1 词族和词元 ······50
4.2 学术词表的研制范式 ······55
4.3 词表创建的影响因素 ······61
4.4 词表的质量评价框架 ······63
4.5 小结 ······64

第 5 章 大学通用学术词表的创建 ······66
5.1 参考词汇资源库 ······66
5.2 编制方法 ······67
5.3 大学通用学术词表的分级 ······70
5.4 大学通用学术词表 ······73
5.5 大学通用学术词表的词族转换 ······75
5.6 小结 ······76

第 6 章 大学通用学术词表的效度验证 ······77
6.1 质量自评 ······77
6.2 覆盖率分析 ······80
6.3 大学通用学术词表与 AWL 词表、AVL 词表的对比 ······82
6.4 分级的合理性分析 ······85
6.5 小结 ······87

第 7 章 学术词表在学术英语教学中的应用 ······89
7.1 课程设计 ······89
7.2 教材编写 ······92
7.3 学术英语的教与学 ······93
7.4 小结 ······98

第 8 章 学术词表在学术英语测试中的应用 ······ 99
8.1 学术词汇测试开发的理论基础 ······ 99
8.2 学术词汇的练习 ······ 102
8.3 与《中国英语能力等级量表》对接的学术词汇测试 ······ 107
8.4 基于学术词表的新型学术词汇测试开发 ······ 119
8.5 小结 ······ 135

第 9 章 学术词表在软件开发与词典编纂中的应用 ······ 136
9.1 阅读分级程序的设计 ······ 136
9.2 自动作文评分系统的研发 ······ 137
9.3 学术英语词典的编纂 ······ 138
9.4 小结 ······ 139

第 10 章 学术词表在文本覆盖率研究中的应用 ······ 140
10.1 研究背景 ······ 140
10.2 研究方法 ······ 145
10.3 研究结果 ······ 148
10.4 讨论 ······ 154
10.5 教学启示 ······ 157
10.6 小结 ······ 158

第 11 章 学术词表在多维词汇习得研究中的应用 ······ 160
11.1 文献综述 ······ 160
11.2 研究目标与方法 ······ 165
11.3 定量研究结果与讨论 ······ 171
11.4 定性研究结果与讨论 ······ 178
11.5 教学启示 ······ 181
11.6 小结 ······ 182

第 12 章 对未来研究的展望 ······ 184
12.1 扩展学术词表的创建类型 ······ 184

12.2 创新学术词表的研发范式、方法与内容 ······188
12.3 完善学术词表与《中国英语能力等级量表》的对接 ······189
12.4 挖掘学术词表的应用价值 ······190
12.5 小结 ······191

参考文献 ······192

图目录

图 1.1　本书所做研究的词汇分类……4
图 2.1　通用学术词汇和准专业词汇的关系……11
图 3.1　《中国英语能力等级量表》的理论框架……39
图 5.1　大学通用学术词表的编制过程……68
图 10.1　不同频次范围的目标词汇数量……150
图 11.1　VLT 测试举例……166
图 11.2　PVLT 测试举例……167

表 目 录

表 2.1 通用学术词表汇总……13
表 2.2 通用学术程式语词表汇总……15
表 2.3 专业学术词表汇总……16
表 2.4 学科群学术词表汇总……17
表 2.5 《上海词表》词汇收录基本情况……27
表 3.1 语言能力总表……35
表 3.2 词汇知识的框架内容对比……40
表 3.3 《词汇知识运用能力量表》……41
表 3.4 修订后的《词汇知识运用能力量表》……47
表 4.1 词族分级表……51
表 4.2 6 级 1 000 词族表中前 20 个词族包含的类符词频……52
表 4.3 BNC 的词元举例……53
表 4.4 词表的研制范式内容汇总……56
表 4.5 词表的质量评价框架……63
表 5.1 大学通用学术词表分级词表词汇数量统计……73
表 5.2 大学通用学术词表的基本特征……73
表 5.3 大学通用学术词表主词表词性分布情况……74
表 5.4 大学通用学术词表词族转换举例……76
表 6.1 大学通用学术词表质量自评表……77
表 6.2 随机词表在 COCA 不同语体中的覆盖率……80
表 6.3 大学通用学术词表在 COCA 不同语体中的覆盖率……81
表 6.4 大学通用学术词表分级词表在 COCA 学术语料库中的覆盖率……81
表 6.5 大学通用学术词表在 COCA 学术语料库各学科中的覆盖率……82

表 6.6　大学通用学术词表与 AWL 词表、AVL 词表的基本特征的差异……83
表 6.7　大学通用学术词表与 AWL 词表、AVL 词表在 COCA 学术语料库中的覆盖率……83
表 6.8　大学通用学术词表与 AVL 词表的重叠词和不重叠词的分析结果…85
表 6.9　大学通用学术词表分级词表词性分布情况……85
表 6.10　大学通用学术词表分级词表的词项数及覆盖率……86
表 8.1　单词 mean 的词性与词义……103
表 8.2　词法的不同连接方式……105
表 8.3　不同词性的英语词汇的搭配方式……107
表 8.4　VLT 测试的形式……121
表 8.5　AVT 测试卷（形式一）试题举例……128
表 8.6　AVT 测试卷（形式二）试题举例……131
表 10.1　词汇维度知识研究结果一览表……144
表 10.2　COCA 的杂志语料库一览表……147
表 10.3　杂志语料库和学术期刊语料库的频次统计……149
表 10.4　科普文本不同阅读量中出现的目标词汇数量……150
表 10.5　不同阅读量中≥1 和≥10 频次范围的类形符比……151
表 10.6　科普文章的潜在通用学术词汇习得数量……153
表 11.1　VKS 量表选项……167
表 11.2　受访者信息……168
表 11.3　访谈提纲……168
表 11.4　VLT、PVLT、VKS 三项测试成绩的描述性统计结果……171
表 11.5　VLT、PVLT、VKS 的前后测成绩的配对样本 *T* 检验……172
表 11.6　前测总成绩分组情况……173
表 11.7　单因素方差分析结果……173
表 11.8　不同词汇水平组三项测试的前后测成绩描述性统计结果……174
表 11.9　不同词汇水平组三项测试的前后测成绩的配对样本 *T* 检验……175
表 11.10　不同词汇水平组前后测总成绩的配对样本 *T* 检验……176
表 11.11　受访者 VLT、PVLT、VKS 的测试成绩变化……178

第1章

绪　论

“学术词表”是按照一定的学术词汇选词标准提取而成的词族或词条的有机集合。它是学术词汇教学和研究的必备基础，可为学术英语教学提供必要的词汇学习目标和评价依据，还可用于分析学术文本难度、研究词汇能力发展、开发学术英语读写教材、设计词汇学习和测评软件等。国内外学界虽已创建了不少学术词表，但创建方法存在弊端，适用性也较低，而且词表的理论研究视角单一，应用研究极度缺乏。本书是国内外该领域的前沿专著，研究成果具有理论性、实用性、针对性和创新性等特点。本章主要回顾背景知识，辨析核心概念并介绍全书的框架。

1.1　研究背景

改革开放 40 多年来，我国大学英语教学取得了骄人的成绩，培养了大批国际化人才。其间经历过多次教学改革，遇到了各种挑战和发展机遇。在高等教育国际化、一流大学创建和新学科建设等背景下，大学英语教学改革的发展方向正在由通用英语（English for general purposes，EGP）转向学术英语。卫乃兴（2016）指出学术英语在语言学理论体系中占有合法的重要地位，其研究涉及严谨的概念界定以及可操作的实证方法。2020 年教育部发布的《大学英语教学指南》也将学术英语纳入大学英语的教学体系，并指出大学生应该获得在学术领域或专业领域进行交流的相关能力。大学英语的核心内容应是学术英语这一观点已得到很多学者的认同（蔡基刚 2018a；卫乃兴 2016）。

学术英语在外国语言学及应用语言学领域有很多不同视角的定义。从理论语言学视角出发的定义强调学术英语是一种变体和特殊用途英语。例如，纳吉和汤森（Nagy & Townsend 2012）给出的定义是：学术英语是一种特殊用途语言，用于学术语境下的具体专业学习和交流。卫乃兴（2016：271）的定义是：学术英语是"学术人员为推进学科发展而进行知识构建、信息交流与学术传播所使用的英语变体"。达德利-埃文斯和圣约翰（Dudley-Evans & St. John 1998）从课程论的视角给出定义：学术英语具有很强的针对性，是专门为满足学习者的特定需求而设置的课程。蔡基刚（2014）从教学论的视角给出定义：学术英语通常是在高等教育环境下进行的教学活动，以培养学习者进行专业学习和参加学术活动的能力。根据学术英语的教学目标，学术英语的教学活动培养的是学习者的听学术报告、记笔记、做学术报告、做学术演讲、读学术文献、写学术论文等一系列的学术交流能力。以上三种视角的学术英语的定义让我们了解到学术英语是一种在特定领域使用的英语变体，对知识建构和信息交流起到重要的桥梁作用，学习学术英语有助于提高学习者在学科领域用英语进行专业知识的学习能力和交流能力，以及用英语从事相关领域的科学研究能力。

随着我国大学英语教学改革的深入，学术英语教学已成为研究热点（蔡基刚 2019；刘芹、刘鸿颖 2020；王守仁、姚成贺 2013；卫乃兴 2016；邹斌 2015）。学术词汇作为学术英语教学的核心内容，更是受到国内外学者的极大关注（如 Coxhead 2012；Durrant 2014；龚嵘 2014；马蓉 2017；吴瑾 2011）。学者不仅从理论视角探讨了学术词汇的概念分类、结构类型和语篇功能，以及学术词表的创建，而且从习得视角分析了学习者的学术词汇使用特征及能力发展等重要议题。这些研究让学界对学术词汇这一课题的前沿现状有了初步了解。目前，国内外学界对学术词汇的相关问题还存在一些争议，如核心词汇、通用学术词汇及专业学术词汇的概念界定（Paquot 2010；de Chazal 2013），还有 AWL 词表和专业学术词表的创建方法及应用价值（Hyland

& Tse 2007；Neufeld et al. 2011）等。

何莲珍（2020：16）在阐述《大学英语教学指南》（2020 版）的修订要点中指出："《指南》（2020 版）的教学要求有机融合《量表》的相关内容。"《中国英语能力等级量表》于 2018 年由教育部发布，之后在全国开始实施。学者对《中国英语能力等级量表》的研制进行了大量的理论探讨，但对《中国英语能力等级量表》的应用研究"严重不足"（李玉龙、辜向东 2019）。在学术英语教学领域，《中国英语能力等级量表》的应用研究更是凤毛麟角。

本书重点描述采用语料库方法，结合定量和定性分析，创建适用于非英语专业大学生，并与《中国英语能力等级量表》对接的大学通用学术词表的过程和成果，并阐述和论证该词表在大学英语教学、学习、测评、研究等方面的应用，最后对学术词表的未来研究进行展望。

本书选取非英语专业大学通用学术词表作为研究对象的理由主要有三点。第一，近年来的学术英语教学改革主要在大学英语教学领域推广，针对的学习者是全国高校的非英语专业大学生，其数量非常庞大。非英语专业大学生对学术英语的学习需求在不断迅速增长，聚焦这些学习者进行学术词表的创建和应用研究，可为学术词汇教学开发有用的教学资源，受益的学生更为广泛。第二，本书聚焦通用学术词汇，是因为通用学术词汇是不同学科领域通用的共核词汇，也是进行研究、分析数据和评价结果必须使用的词汇，在学术语篇的出现频率很高，在语言教学中具有极为重要的价值（Coxhead & Nation 2001）。第三，AWL 词表和专业学术词表在学术英语教学领域均有重要的应用价值，但大学通用学术词表适用的学生涉及各个学科和多个学科群，适用性更强，应用范围更广。

此外，本书拟采用统一的选词标准、规范的提取程序和科学的统计分析创建大学通用学术词表，可为其他学科领域的专业学术词表及专门用途学术词表的创建提供方法上的借鉴，也为词典学等相邻学科的发展做贡献。大学通用学术词表的创建可为我国学术英语的教学和研究实践提供重要参考，如帮助教师设置词汇学习目标、评价词汇知识及发展、分析学术文本的难度和丰富度、开发学术英语读写教材、设计词汇学习工具等（Nation & Webb 2011）。

1.2　关键概念的界定

本书所做研究涉及的关键概念包括通用词汇、核心词汇、非核心词汇、学术词汇、通用学术词汇和专业学术词汇等。这些概念之间既相互联系又相互区别（图 1.1）。

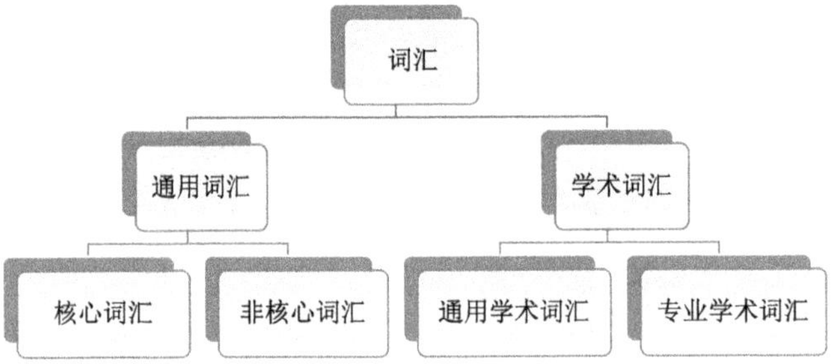

图 1.1　本书所做研究的词汇分类

通用词汇（general vocabulary）指在多数语言使用情境中可以使用的实义词和功能词，如 against、desk、smile、upon 等。通用词汇也可称为非学术词汇或非专业词汇（non-technical term）（Goodman & Payne 1981）。通用词汇可分为核心词汇和非核心词汇两类。

（1）核心词汇（core vocabulary）指在多数语言使用情境中高频使用的实义词和功能词，其基本特征为语用中立，如 some、suggest、lesson 等（Paquot 2010）。

（2）非核心词汇指核心词汇以外的所有词汇。

学术词汇在本书中的理论定义为，在学术英语中出现的用于知识建构、信息交流与学术传播的专门词汇，既包括单个词，也包括发挥词的作用的固定结构。其操作定义为在学术文本中除核心词汇以外使用频率较高的词汇（Paquot 2010）。学术词汇这一术语在学术英语教材和二语习得相关参考书籍中使用非常广泛。按照学科用途，内申（Nation 2013）将学术词汇分为两大类：通用学术词汇（general academic vocabulary）和专业学术词汇（technical academic vocabulary）。

（1）通用学术词汇又称准专业词汇（sub-technical vocabulary）（Cowan 1974；Yang 1986；Baker 1988；Mudraya 2006）或半专业词汇（semi-technical vocabulary）（Farrell 1990），指进行研究、分析数据和评价结果所使用的词汇（Martin 1976），社会科学领域和自然科学领域均能适用，如 adult、analyze、chemical、consist、contrast、formula、parallel、transport、volunteer 等（Coxhead 2000）。

（2）专业学术词汇指在某一学科领域中具有语义专门化和语义不变性的特征且无精确同义词的科学知识词汇（Mudraya 2006），如生物学领域中的 abiotic、alleles、chromatid、cytoplasm、genotype 等。

在厘清各类词汇的概念基础上，本书将聚焦通用学术词汇，并与《中国英语能力等级量表》对接，创建适用于中国大学生的大学通用学术词表及其分级词表。

1.3 全书框架

首先，本书梳理应用语言学领域中学术词表研究的学术史，在对国内外相关研究进行客观评价的基础上，阐述创建大学通用学术词表的重要性和必要性。其次，本书结合《中国英语能力等级量表》及其分量表《词汇知识运用能力量表》，建构大学通用学术词表的理论框架和创建方法。基于此，本书创建与《中国英语能力等级量表》对接的大学通用学术词表，包括主词表、分级词表以及其他子词表，以满足不同水平的学习者对学术词汇的学习需求。最后，本书探讨大学通用学术词表在教学领域、测试领域和研究领域的应用，包括学术英语课程设计、学术词汇教学与测试、阅读与写作等程序的软件开发、词典编纂、语料库文本覆盖率分析、多维学术词汇习得研究等，力图为我国学术英语教学效果提升和国际化人才培养提出具有创新性和操作性的建议。

本书分为五个主要部分。第一部分为研究背景，包括第 1～2 章；第二部分为大学通用学术词表创建的理论构建，包括第 3～4 章；第三部分为大学通用学术词表的创建及其效度验证，包括第 5～6 章；第四部分为大学通用学术词表在教学和测试等领域的应用研究，包括第 7～9 章；第五部分为大学通用学术词表在研究等领域的应用研究，包括第 10～11 章；第 12 章为全书结语，展望未来研究。

1.4 小　结

随着《大学英语教学指南》(2020 版）把学术英语纳入大学英语的教学体系，学术英语教学的地位愈显其重要。本书所做的研究是对《中国英语能力等级量表》在学术英语教学领域的应用进行探索与实践。创建与《中国英语能力等级量表》对接的大学通用学术词表，并探索该词表在学术英语教学领域的应用，是一项极具意义的课题。本书所做的研究，首先，有助于服务教学，培养国际化人才，可为学术英语分级教学和测评提供参考，提升学术英语教学质量，推进国际化人才教育，助力实现“双一流”；其次，有助于服务研究者、教学材料设计者、教材出版商，可为学术词汇研究、学术英语教材及教辅资料设计提供理论基础和选材依据；最后，有助于服务词典编纂者、网络软件设计者，可为词典编纂、学术词汇学习软件设计提供目标词汇。

第2章

国内外学术词表研究现状

本章基于国内外多个数据库的文献检索，广泛收集过去 50 年（1971～2020 年）的期刊论文和重要著作，对学术词表研究进行述评。内容涵盖学术英语的理论溯源，学术英语的教学内容，学术词汇的概念分类，学术词表的类别划分，学术词表的研制方法，国内外已有的学术词表汇总与评介，学术词表创建与应用研究的回顾、反思与评价等。

2.1 学术英语的理论溯源

文献显示，学术英语的理论渊源可追溯至 50 多年前（卫乃兴 2016）。其理论源头是弗思（Firth 1968）提出的“受限语言”（restricted language）。受限语言主要有三个界定特征：①语言中界定良好的有限类别或形式；②专门化的词汇、语法和风格；③适用权宜结构和系统描述的微观语法和微观词汇。受限语言主要包括三类语言：描写所用语言、被描写语言和翻译语言。描写所用语言指专业研究使用的带有专门化意义和用法的符号、术语、公式等；被描写语言指可以从语音、搭配、句法、语篇等层面分析的专业领域的文本材料；翻译语言指翻译过程中的源语言、目标语以及同一语言内的译介语言。弗思（Firth 1957，1968）所研究过的受限语言涉及政治、科技、翻译、文体学、语言教学等领域的文本。之后，弗思将受限语言进行了概念扩展，涵盖了语言变体。除了理论研究之外，他还曾采用受限语言路径，在第二次世界大战中亲自给皇家空军讲授飞行员日语会话课程，教学效果理想，被学界视为语言教学领域的首个学术英语课程（卫乃兴 2016）。

哈里斯（Harris 1968，1988）提出了子语言（sublanguage）的概念，因为有一类语言的词汇、结构和专业内容都与普通语言有较大差别，可以认为是普通语言的一个子类。他在研究中发现，文本如果含有特定的专业内容，会呈现与普通文本大相径庭的语言特征，需要对这类文本进行专门研究。哈里斯（Harris 1968）的子语言是用来专指科学文本语言特征的术语，界定特征有四个：①形成封闭子集的句子；②或多或少封闭的专业内容；③有限范围的词汇；④语法结构横切于整体语言语法而非包括其内。子语言的研究内容涉及生物医学、免疫学等领域的文本，在弗思（Firth 1968）的受限语言范围之内。总的来说，受限语言涵盖的语言现象较为广泛，焦点是语言的意义；子语言专指科学文本的特征性语言，如科技英语，研究焦点集中在语言结构和信息处理方面。

之后，海姆斯（Hymes 1972）提出了交际语言；韩礼德（Halliday 1978）提出了语域与语体。这些理论都传承了受限语言。最终由斯韦尔斯（Swales 1985）在语言学界正式提出专门用途英语（English for specific purposes，ESP）和学术用途英语的概念。学术英语是学术用途英语的简称。

本质上讲，学术英语可以被理解为一种受限语言或子语言。随着语言学理论的发展，在英语成为国际学术交流通用语的语境下，学者越来越认识到在不同语域和语境中使用的语言子类和语言变体，如学术英语，要比通用英语更有研究价值，因为这些子类和变体才是“语言的生命所在”（卫乃兴 2016：271）。

2.2 学术英语的教学内容

多年来，我国外语界对大学英语的教学定位是通用英语还是学术英语一直存在争议（文秋芳 2014）。在全国大学英语四、六级考试的指引下，大学英语教学仍以通用英语为主导。很多学者都发现了大学英语中存在着“学用分离”的诟病（文秋芳 2014：6），非英语专业大学生用英语进行专业领域的学习、交流、工作和研究的应用能力十分欠缺（黄源深 2011）。从语言学理论的发展历程和外语教学的实践效果两个方面来说，学术英语都应该是大学英语教学的重要组成部分和现实发展方向。

学术英语的教学目的是满足学生专业学习的需求，培养学生更好地用英语从事自己的专业学习和工作的能力。蔡基刚（2019）指出，学术英语的教学内容应该包括两大类：学术英语技能和学术英语素养。学术英语技能涵盖五个方面：“1）用英语听讲座和讲课，记笔记；2）用英语阅读专业文献；3）用符合学术规范和格式英语撰写文献综述，论文/大会摘要和学术文章；4）用英语宣读论文，陈述演示研究成果；5）具有所学专业的各种语类意识和能力。”学术英语素养也涵盖五个方面：“1）搜索与专业学习相关的信息的自主学习和独立研究的能力；2）分析和综合从各个渠道搜索来的信息，并对此进行评价，形成自己观点的批判性思维能力；3）提出问题、解决问题的研究能力和创新能力；4）团队合作和交流沟通能力；5）国际环境下的跨文化意识和交际能力。”（蔡基刚 2019：40）

2.3　学术词汇的概念分类

学术词汇是构成学术英语语言系统的要素之一，也是学术英语教学的主要内容。与通用词汇相比，学术词汇对学术英语能力发展发挥的支撑作用更为重要（Gardner & Davies 2014）。但究竟什么是学术词汇？其理论定义尚未在语言学及应用语言学界形成定论，只是一些研究提出了学术词汇的工作定义或操作定义（刘迪麟、雷蕾 2020）。基于理论语言学视角对学术英语的定义（卫乃兴 2016），本书将学术词汇定义为出现在学术英语语篇中的专门词汇，包括单个词及其常用搭配。学术词汇在学术语篇中主要发挥知识建构、信息交流与学术传播的作用。

关于学术词汇的操作定义，总体来说，学界有广义和狭义两种识别方法。广义的操作定义泛指学术语篇中除核心词汇以外高频出现的词汇及其搭配/语块（如 Paquot 2010；Pan et al. 2016）。狭义的操作定义仅指某一学术词表中所包含的词汇或语块（如 Chen & Ge 2007；Hirsh 2010）。

到目前为止，学术词汇的分类在学界没有统一的界定。根据词性，学术词汇主要分为三类：名词性学术词汇用于概括、分类和阐释学术观点（Tadros 1994）；动词性学术词汇用于回顾和评价前人研究（Swales 1990）；形容词性学术词汇也用于评价某项研究。

按照学科用途，目前较为多见的是将学术词汇分为通用学术词汇和专业学术词汇（Nation 2013）。通用学术词汇是不同学科领域和不同学术语体中共享的专业性词汇（Paquot 2010），多用于进行研究、分析数据和评价结果（Martin 1976）。专业学术词汇是特定学科领域较常使用且专业性强的科学知识词汇，因其语义比较专业、不易改变，且无同义词，一般不与其他学科共享使用（Mudraya 2006）。尽管以上两个概念都有明确的理论定义，但实际界定中的分类标准较为模糊（Yang 1986；Mudraya 2006）。还有学者认为一些词在不同语境中表达不同的语义，区分各类词汇时就不应该互相排斥（Paquot 2010）。例如，cost 一词既属于高频通用词汇（语义为“费用”），又属于通用学术词汇（语义为“代价”），同时还是专业学术词汇（经济学领域的语义为“成本”）。据此，学术词汇的分类需结合具体语境，不同语境下的同一个单词可以同时归属于若干个词汇类型。

另外，通用学术词汇又称准专业词汇或半专业词汇，其范围介于核心词汇和专业学术词汇之间（Paquot 2010）。前人文献对准专业词汇给出了很多不同的定义，每种定义涵盖的词汇不一，且各具特征。准专业词汇的常用定义是指一类频繁出现在多种学科领域且在学术文本中占据较大比例的词汇。例如，法雷尔（Farrell 1990）发现在电子文本语料库中，出现超过 5 次的 508 个词元（lemma）中有 44%的词汇是准专业词汇。准专业词汇还有其他定义，与常用定义差异较大，指在特定学科领域具有延伸意义的词汇（Trimble 1985），或学者进行研究、分析数据和评估研究结果所使用的词汇（Martin 1976）。

综上，通用学术词汇和准专业词汇在不同文献中所指的词汇范围存在差异。例如，马丁（Martin 1976）的通用学术词汇、特林布尔（Trimble 1985）的准专业词汇、贝克(Baker 1988)的准专业词汇、考克斯黑德(Coxhead 2000)的通用学术词汇的范围既有大量的重叠部分，也有各自独属的词汇(图 2.1)。

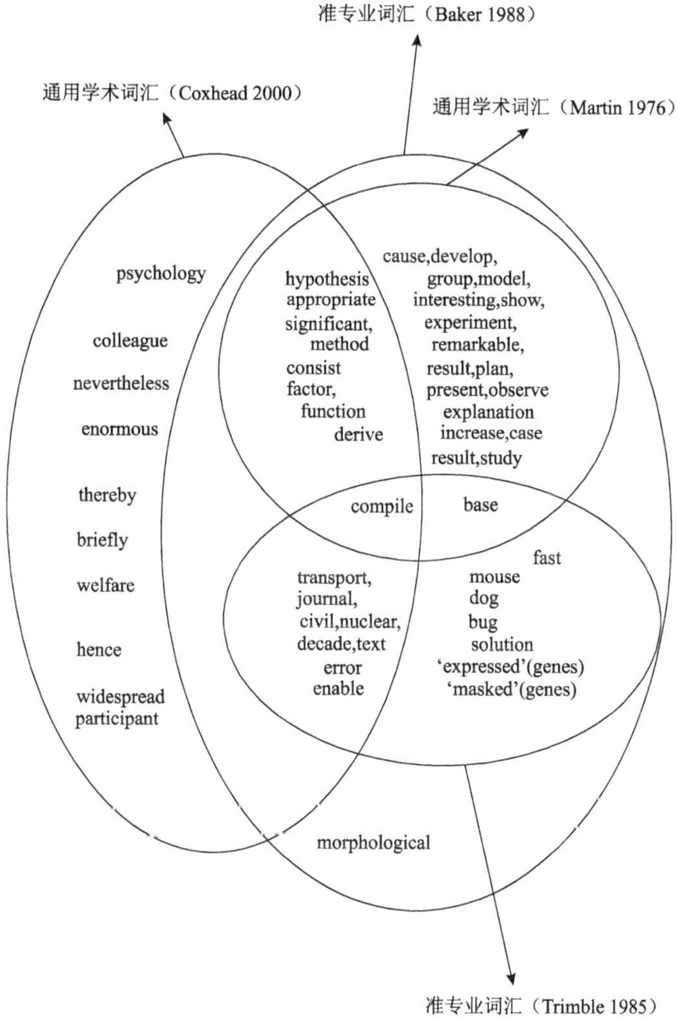

图 2.1　通用学术词汇和准专业词汇的关系[①]

① 图 2.1 中的单词及标点保留了原貌。

图 2.1 呈现的是准专业词汇和通用学术词汇的各种定义的部分重叠情况。考克斯黑德（Coxhead 2000）的 AWL 词表包含了一大部分在专业领域具有延伸意义的词汇。例如，根据《牛津英语词典》(*Oxford English Dictionary*, *OED*)，形容词 nuclear 在天文学、生物学、医学、心理学、社会学、语言学和语音学中具有延伸意义；动词 enable 在计算机科学中具有特殊的含义，即“使（设备）可操作”或“打开”；名词 error 是指在数学中“通过观察或近似计算得出的结果与精确测定结果不同的量”。考克斯黑德（Coxhead 2000）的 AWL 词表中还包含了马丁（Martin 1976）所定义收录的几个准专业词汇（如 hypothesis、significant、method、function），但很多词汇还是未纳入，因为它们大多都是通用词汇（如 cause、develop、group、model、plan、result）。贝克（Baker 1988）提出的具有修辞功能的词汇分类也是相同的情况：case、cause、compare、describe、explanation、observe、report、study 这些词属于最常用的 2 000 个英语词汇，因此未被考克斯黑德（Coxhead 2000）的 AWL 词表收录。

在教学领域，为了服务于英语教学，通用学术词汇被分为词汇的四个子类之一，即高频词汇、通用学术词汇、专业学术词汇和低频词汇（Coxhead & Nation 2001）。高频词汇被收录在韦斯特（West 1953）的通用核心词表（General Service List，GSL）中，而通用学术词汇被收录在考克斯黑德（Coxhead 2000）的 AWL 词表中。这两个词表在词汇教学、课程设计和教材开发方面都发挥着重要的作用。通用学术词汇与专业学术词汇不同，它们普遍存在于不同体裁和不同学科领域的学术文本中，英语教师应该将其作为重要的教学内容进行讲授（Coxhead & Nation 2001）。

2.4 国内外学术词表汇总

用于英语语言教学的词表包括通用英语词表和学术英语词表两大类。通用英语词表的创建时间早于学术英语词表，前者始于 1953 年，后者始于 1971 年。到目前为止，学界研制的通用英语词表数量不多，主要有三种：①韦斯特（West 1953）的 GSL 词表；②马丁内斯和施米特（Martinez & Schmitt 2012）的短语表达词表（Phrasal Expressions List，PEL）；③布热齐纳和加布拉索娃（Brezina & Gablasova 2013）的新通用核心词表（New General Service List，new-GSL）。

学术英语词表的创建始于 1971 年，迄今已出现数量较多且类型多样的学术英语词表，按照用途可以分为 AWL 词表、通用学术程式语词表、专业学术词表、学科群学术词表等。AWL 词表收录的是各学科进行研究、分析数据和评价结果所使用的共核词汇，适用于社会科学领域和自然科学领域的大学英语教学。通用学术程式语词表收录的是适用于社会科学领域和自然科学领域的学术英语语块、搭配、词组等。程式语是一种常见的语言现象，介于语法和词汇之间，涵盖语块、习语、短语、搭配、词块、复现词丛、二项式短语等多词结构（Wray 2000）。专业学术词表收录的是在某一领域具有语义专门化和语义不变性的特征且无精确同义词的科学知识词汇。学科群学术词表收录的是某一学科群所共享的学术词汇，如社会科学学术词汇、自然科学学术词汇等。我们基于前人相关文献，汇总了国外学界研制并公开发表的各类学术英语词表。表 2.1 是通用学术词表的汇总情况。

表 2.1　通用学术词表汇总

序号	词表名称	研制者	年份
1	学术词表	Campion & Elley	1971
2	美国大学词表	Praninskas	1972
3	学术词表	Lynn	1973
4	学术词表	Ghadessy	1979
5	大学词表	Xue & Nation	1984
6	通用学术词表	Coxhead	2000
7	通用学术词表	Paquot	2010
8	通用学术词表	Gardner & Davies	2014
9	学术口语词表	Dang et al.	2017

表 2.1 汇总了 9 个通用学术词表。这些词表的创建针对的是大学预科英

语课程或以英语为教学语言的大学一年级学术英语课程（Nation 2016）。巴伯（Barber 1962）很早就发现各学科领域共享一些特定的学术词汇，因此呼吁学界尽快创建通用学术英语词表。最早完成研制的是坎皮恩和埃利（Campion & Elley 1971）的学术词表，该词表研制的最初目的是提升在新西兰求学的海外留学生的学术词汇能力。2000 年以前研制的通用学术英语词表都是基于自建的小型学术英语教材语料库收集数据、人工检索提取目标词汇研制而成的（如 Campion & Elley 1971；Ghadessy 1979；Lynn 1973；Praninskas 1972；Xue & Nation 1984）。其中，薛和内申（Xue & Nation 1984）研制的大学词表（University Word List，UWL）基于前四个早期的学术词表整合而成，分为 11 级，共 836 个词族，包含 3 707 个词。2000 年以后研制的通用学术词表大多基于英国国家语料库（British National Corpus，BNC）或美国当代英语语料库（Corpus of Contemporary American English，COCA）（如 Coxhead 2000；Dang et al. 2017；Gardner & Davies 2014；Paquot 2010）。其中，考克斯黑德（Coxhead 2000）的 AWL 词表是第一个采用计算机程序完成的通用学术词表，其研制目的是呈现那些值得在学术英语课堂上教授的词汇和自主学习的学术词汇。该词表在国内外学界影响力最大，被学术词汇相关文献引用的次数最多。14 年后，加德纳和戴维斯（Gardner & Davies 2014）对考克斯黑德（Coxhead 2000）采用的传统词汇选取方法和标准提出了一些质疑，同时研发了 AVL 词表，引起了学界的极大关注（Durrant 2016；Hsu 2018；Lei & Liu 2016）。3 年后，党等（Dang et al. 2017）细化了通用学术词表适用的语域特征，研制出了第一个学术口语词表（Academic Spoken Word List，ASWL），为提高学术领域的口语表达能力提供了有益的教学资源。

表 2.2 汇总的是通用学术程式语词表，共有 9 种，涵盖短语、搭配、程式语和词法等。最早完成研制的是斯塔布斯和巴思（Stubbs & Barth 2003）的常用学术多词序列表（Multi-Word Chains，MWCs）；最新研制的是格林（Green 2019）的学术词汇语法表（Lexicogrammar Academic Vocabulary Lists，LAV lists）。绝大多数的学术程式语词表都是基于自建的大规模学术文本语料库提取高频程式语创建而成的（如 Biber 2009；Durrant 2009；Lei & Liu 2018；Simpson-Vlach & Ellis 2010；Stubbs & Barth 2003），还有一些词表是基于 BNC、

COCA、皮尔森国际学术英语语料库（Pearson International Corpus of Academic English，PICAE）（Ackermann & Chen 2013；Liu 2012）或自建的学术英语教材语料库的（如 Green 2019；Vincent 2013）。其中，影响力较大的是辛普森-弗拉赫和埃利斯（Simpson-Vlach & Ellis 2010）研制的学术程式语词表（Academic Formulas List，AFL）。

表 2.2　通用学术程式语词表汇总

序号	词表名称	研制者	年份
1	常用学术短语表	Stubbs & Barth	2003
2	学术程式语词表	Biber	2009
3	学术搭配词表	Durrant	2009
4	学术程式语词表	Simpson-Vlach & Ellis	2010
5	常用学术短语表	Liu	2012
6	学术短语词表	Vincent	2013
7	学术搭配词表	Ackermann & Chen	2013
8	学术英语搭配词表	Lei & Liu	2018
9	学术词汇语法表	Green	2019

表 2.3 汇总的是专业学术词表，共 16 个，涉及工学（Coxhead & Hirsh 2007；Hsu 2014；Mudraya 2006；Ward 2009；Todd 2017）、医学（Hsu 2013；Lei & Liu 2016；Wang et al. 2008）、应用语言学（Vongpumivitch et al. 2009）、农学（Martínez et al. 2009）、化学（Valipouri & Nassaji 2013）、环境科学（Liu & Han 2015）、护理学（Yang 2015）、水暖技术（Coxhead & Demecheleer 2018）、金融学（Tongpoon-Patanasorn 2018）、计算机（Bi 2020）等学科领域的学术词表。创建这些词表所使用的语料库主要由各学科领域的学术英语教材或期刊文章构成。从研制时间和词表数量来看，专业学术词表在学界出现虽然比通用学术词表和通用学术程式语词表较晚，但发展迅速，数量逐年递增。预计未来还会有更多学科的专业学术词表相继面世。可以看出，近年来学术英语教学对专业学术词表的需求很大。

表 2.3 专业学术词表汇总

序号	词表名称	研制者	年份
1	工学学术词表	Mudraya	2006
2	实验版科学词表	Coxhead & Hirsh	2007
3	医学学术词表	Wang et al.	2008
4	应用语言学学术词表	Vongpumivitch et al.	2009
5	农学学术词表	Martínez et al.	2009
6	工学基础学术词表	Ward	2009
7	化学学术词表	Valipouri & Nassaji	2013
8	医学学术词表	Hsu	2013
9	工学学术词表	Hsu	2014
10	环境科学学术词表	Liu & Han	2015
11	护理学术词表	Yang	2015
12	医学学术词表	Lei & Liu	2016
13	工科学术多义词词表	Todd	2017
14	水暖技术词表	Coxhead & Demecheleer	2018
15	常用金融学术词表	Tongpoon-Patanasorn	2018
16	计算机科学学术词表	Bi	2020

表 2.4 汇总的是学科群学术词表，共有 3 个，涉及社会科学（Dang 2018a；Lu et al. 2018）和自然科学（Dang 2018b）两个学科群。词表适用的语域既有口语也有书面语。从研制时间和词表数量来看，研发的起始时间较晚，2018 年才出现第一批词表，而且词表数量极少。这说明学科群学术词表还属于新鲜事物，研发尚处于起步阶段。早在 2009 年，学者就开始呼吁研制各学科群学术词表、人文学科学术词表和理工科学术词表（如 Durrant 2009）。研制学科群学术词表有其理论和实证依据。达兰特（Durrant 2014）采用聚类分析（cluster analysis）和叠置分析（overlap analysis）方法，确认了不同学科具有相同学术词汇学习需求的学生群体。这表明，专业学术词表的研制可不必局限于某一学科，而是可以把具有相同学术词汇学习需求的各个学科组成

一个学科群，研制适用于特定学科群的学术词表。学科群学术词表比某一学科的专业词表的适用范围更大，不但可以避免通用学术词表无法满足具体学科学习需求的不足，而且还能避免分别研制各学科学术词表带来的各种资源浪费（马蓉 2017）。

表 2.4　学科群学术词表汇总

序号	词表名称	研制者	年份
1	社会科学口语词表	Dang	2018
2	自然科学口语词表	Dang	2018
3	社会科学论文引言短语词表	Lu et al.	2018

2.5　国内外学术词表评介

本节选取在国内外学界有一定影响力的五个学术词表进行介绍并评价。这些词表包括：考克斯黑德（Coxhead 2000）的 AWL 词表、辛普森-弗拉赫和埃利斯（Simpson-Vlach & Ellis 2010）的 AFL 词表、加德纳和戴维斯（Gardner & Davies 2014）的 AVL 词表、党等（Dang et al. 2017）的 ASWL 词表，以及上海高校大学英语教学指导委员会（2015）的《通用学术英语教学参考词表》（以下简称《上海词表》）。

2.5.1　AWL 词表

迄今为止，学术影响力最大、质疑声最多的学术词表应当是考克斯黑德（Coxhead 2000）研发的 AWL 词表。根据 2021 年 3 月 9 日 Scopus 数据库检索的结果，考克斯黑德（Coxhead 2000）发表在 *TESOL Quarterly* 期刊上的论文“A New Academic Word List”的被引次数为 1 008 次，领先于语言学界其他学术词表的相关文献。同时，AWL 词表因其所依托的语料库规模、选词标准、覆盖率及适用性等因素，受到很多质疑。

AWL 词表是基于 350 万词的大规模学术文本语料库而建成的，该库可称为学术英语语料库。该库的绝大多数语料出版地点在新西兰，出版时间在 1960～1990 年，涵盖商业、人文、科学和法律等 4 个学科领域，每个学科约 875 000 词，又分为 7 个子学科，全库共 28 个子学科。需要指出的是，该学术英语语料库未收录口语学术文本。AWL 词表的选词标准依据以下三个方面："专业出现率"（specialized occurrence）、"分布范围"（range）和"频次"（frequency）。"专业出现率"指入选的学术词汇必须具有专业领域特征，所以将韦斯特（West 1953）的 GSL 词表收录的 2 000 个高频通用词汇全部排除在外。之所以排除高频通用词汇，是因为研制者认为，学习者学习学术词汇的前提是已经掌握好 GSL 词表里最常用的 2 000 个高频通用词汇。"分布范围"指入选的词汇必须在学术英语语料库中的商业、人文、科学和法律 4 个学科领域分别出现 10 次及以上，而且在 28 个子学科领域出现 15 次及以上。这样就可以保证入选的词汇都是通用学术词汇，即分布在多个学科领域，分布范围较广，以区别于特定学科领域的专业学术词汇。"频率"指入选的词汇必须在学术英语语料库中至少出现 100 次，以保证这些词汇都是相对高频的通用学术词汇。

按照以上选词标准，AWL 词表共提取了 570 个词族，覆盖了学术英语语料库约 10%的词汇量。在考克斯黑德（Coxhead 2000）看来，GSL 词表可以覆盖学术英语语料库 75%的词汇量，加上 AWL 词表的覆盖率，合起来是 85%的词汇量。对于英语学习者来说，如果将 GSL 词表和 AWL 词表两个词表的词汇都掌握，再具备特定学科的基础英语术语，基本上就可以很轻松地阅读特定学科的学术文本（Nation 2006；Schmitt et al. 2017）。此外，AWL 词表的 570 个词族被设定为"大学预科《英语精读》课程的学习目标，学习时间约 12 周"（Nation 2016：115）。

该词表一经发表，就在语言学界引起了极大关注。学者围绕 AWL 词表进行了大量的研究和探讨，研讨内容主要聚焦三个方面：一是词表验证研究；二是词表创建研究；三是词表应用研究。

词表的验证研究方面，学者自建各种类型或各种学科的语料库对 AWL 词表的覆盖率和适用性进行了验证。涉及的语料库类型包括学术期刊论文

（Chen & Ge 2007；Martínez et al. 2009；Muñoz 2015；Vongpumivitch et al. 2009）、学术英语教材（Coxhead et al. 2010；Noorizan et al. 2017；Ward 2009）、学习者学术文本（Csomay & Prades 2018）和口语语料库（Dang & Webb 2014）。语料库涵盖的学科包括理工科和社会科学（Hyland & Tse 2007）、农学（Martínez et al. 2009；Muñoz 2015）、医学（Chen & Ge 2007）、应用语言学（Vongpumivitch et al. 2009）、金融学（Li & Qian 2010）。研究发现，AWL 词表收录的学术词汇可以平均覆盖这些文本的 10%（Paribakht & Webb 2016）；在语言学及应用语言学语料库文本中的覆盖率在 11.17%～13.11%（Chung & Nation 2003；Cobb & Horst 2004；Khani & Tazik 2013；Vongpumivitch et al. 2009），平均值为 12.21%。国内研究方面，吴瑾、王同顺（2007）从学术词汇的覆盖率和频率等方面考察 AWL 词表在科技英语教学领域的适用性，研究发现 AWL 词表所包含的 570 个学术词族在总体上也适用于自然与理工学科。

针对以上 AWL 词表的验证研究，刘迪麟、雷蕾（2020）进行了评述：根据前人研究结果，考克斯黑德（Coxhead 2000）的 AWL 词表在各类学术文本中的覆盖率约为 6%（Muñoz 2015）至 11%（Valipouri & Nassaji 2013；Ward 2009）；在学术英语口语文本的覆盖率达到了约 5%（Dang & Webb 2014）；这些研究结果表明，AWL 词表的词汇覆盖率（vocabulary coverage）较好，在各类学术文本中的适用性较广，可以推广至各学科学术英语的词汇教学。

词表的创建研究方面，学者使用 AWL 词表的研制方法创建其他学科的专业学术词表。这些学者认为如果只掌握通用学术词汇，不学习具体学科领域的专业学术词汇，将无法满足学习者对学术英语的学习需求（如 Hyland & Tse 2007）。到目前为止，学者研发的专业学术词表数量较多，如工学学术词表（Hsu 2014；Mudraya 2006；Ward 2009；Todd 2017）、医学学术词表（Hsu 2013；Wang et al. 2008）、应用语言学学术词表（Vongpumivitch et al. 2009）、农学学术词表（Martínez et al. 2009）、化学学术词表（Valipouri & Nassaji 2013）、环境科学学术词表（Liu & Han 2015）、护理学术词表（Yang 2015）、水暖技术词表（Coxhead & Demecheleer 2018）、金融学术词表（Tongpoon-Patanasorn 2018）、计算机科学学术词表（Bi 2020）等专业学术词表。这些词表为学术英语教学提供了重要的教学资源，对课程设计和教学评价等具有参考价值。

以上学术词表的验证研究和创建研究，都为学术词表的应用研究奠定了基础。然而，这些研究所使用的学术英语语料库规模不一，词汇提取标准尚不统一，而且语料库研究方法自身也存在一些局限，因而导致学术词表的信效度不能得到有效保证。这些都将影响学术词表的应用价值。

词表的应用研究方面，学者主要关注 AWL 词表在学术英语教学领域的应用情况，尤其是 AWL 词表在学术词汇的能力发展及测评中的应用（如 Masrai & Milton 2018；Paribakht & Webb 2016；Silva & Otwinowska 2019；Yamamoto 2014）。其中，佩科拉里等（Pecorari et al. 2019）基于 AVL 词表设计、开发并验证了两种类型的学术词汇测试（Academic Vocabulary Test，AVT）的效度。AVT 测试不但可以测量学习者的学术词汇宽度知识，还可以诊断学习者学习学术词汇存在的问题。栾岚（2013）基于 AWL 词表调查了中国大学生的学术词汇发展情况，研究发现学习者的学术词汇能力总体上呈线性增长，词汇密度和词汇多样性不断提高。吴瑾（2011）基于 AWL 词表从意义和搭配两个角度调查了中国研究生的学术词汇知识深度，发现研究生在学术词汇知识深度发展方面存在一定局限。

上述关于 AWL 词表的验证研究、创建研究和应用研究表明，该词表在学界已经产生了巨大的影响力。然而，对 AWL 词表的质疑声也不断，主要体现在该词表的选词标准、词汇展现方法、覆盖率及适用性等方面。

首先，AWL 词表选词时将 GSL 词表排除在外，即 GSL 词表的 2 000 个高频通用词汇，不管是否在学术文本中具有特殊学术意义，都不会被收录在 AWL 词表中。这种选词标准对外语环境下的英语教学有误导作用（Gardner 2007；Martínez et al. 2009）。

其次，AWL 词表使用词族来展现词汇存在一些弊端。具体来说，就是一个词族所包含的所有词汇在多个学科领域的词义可能不一样，这就会导致学科间和学科内的词汇搭配和语义变异在选词过程中不受考虑，词性和同形（音）异义词也有可能被忽视。以上弊端会导致学术词表收录的词汇不够全面，可能会降低学术词表的效度。学者发现尽管 AWL 词表收录的通用学术词汇在学术语料库中达到了 10.6%的覆盖率，但在各学科领域，每个词项在频率、搭配和意义等方面的表现和使用大不相同（如 Hyland & Tse 2007；Wang et al. 2008）。另外，依据词族频率创建的学术词表还有一个弊端，就是不符合学习者的习得顺序，会误导学习者先学习派生词后学习屈折变化，而正常的习得顺序恰好相反（Gardner 2007），这也影响了词表的适用性。

最后，一些学者经过定量和定性的分析发现，AWL 词表在某些学科领域的学术文本中覆盖率较低，未能充分反映该领域所使用的学术词汇。比如，马丁内斯等（Martínez et al. 2009）的研究结果是，只有 92 个 AWL 词表收录的词族高频出现在农学研究性论文语料库中，还有一些通用学术词汇具有特定学科的专业语义。因此，学者表示应研发适用于具体学科领域的学术英语词表，用以满足学习者对学术英语的学习需求。另外，一些学者对学术词表持反对意见，即任何学术词表都是无用的，因为在词汇检索和提取过程中，可能会产生各种各样的数据输出或解读错误，研究者无法保证词表的效度（如 Neufeld et al. 2011）。AWL 词表所基于的语料库偏重人文社科（吴瑾、王同顺 2007），语料库的学科不平衡会导致选词不够准确和全面，直接影响词表的效度。

AWL 词表尽管受到了各种质疑，但仍然是学界应用最为广泛的学术词表。AWL 词表现在可以免费获取，下载地址为 http://www.victoria.ac.nz/lals/resources/academicwordlist/。

2.5.2　AFL 词表

辛普森-弗拉赫和埃利斯（Simpson-Vlach & Ellis 2010）研发的 AFL 词表类属通用学术程式语词表，在专门用途英语领域的学术影响力较大。根据 2021 年 3 月 9 日 Scopus 数据库检索的结果，辛普森-弗拉赫和埃利斯（Simpson-Vlach & Ellis 2010）发表在 *Applied Linguistics* 期刊上的论文“An Academic Formulas List: New Methods in Phraseology Research”的被引次数为 271 次。AFL 词表是基于大规模学术英语语料库，通过实证方法提取口语和书面语使用的 3～5 个词的高频学术程式语，对学术英语教学有着非常好的参考借鉴作用。该词表提取的程式语有以下特征：①在口笔语语料库中频繁出现；②学术文本的出现频次显著高于非学术文本；③在不同学术语体中广泛分布。AFL 词表分别收录了口语和书面语中的常用程式语，还包括那些只在学术语言中对口语或书面语有着特殊意义的程式语。

为了更好地指导学术英语教学实践，AFL 词表还将常用程式语按照语用功能进行分类，分为三种语用功能：参考指示（referential expression）、立场表达（stance expression）和文本组织（discourse organizing function）。其中，参考指示程式语分为以下几个次功能：属性指定（specification of attribute）、识别与重点（identification and focus）、对照与比较（contrast and comparison）、指示与方位（deictic and locative）和模糊标记（vagueness marker）。立场表达程式语分为模糊限制语（hedges）、认识立场（epistemic stance）、义务与指令（obligation and directive）、能力与可能性表达（expression of ability and possibility）、评价（evaluation）和意图/意志/预测（intention/volition/prediction）等次功能。文本组织程式语分为以下次功能：元话语和语篇指称（metadiscourse and textual reference）、话题介绍及焦点（topic introduction and focus）、话题阐述（topic elaboration）和话语标记语（discourse marker）。

AFL 词表发表后，引起了国内外学者的兴趣，学界出现了一些 AFL 词表的应用研究。例如，周惠、刘永兵（2015）根据辛普森-弗拉赫和埃利斯（Simpson-Vlach & Ellis 2010）的 AFL 词表所收录的核心立场语块和书面语立场语块，从语义韵研究的视角，总体上对比了中国英语学习者与本族语学习者的学术语块的使用差异，以及高频语块的语篇评价意义。

2.5.3 AVL 词表

加德纳和戴维斯（Gardner & Davies 2014）采用与考克斯黑德（Coxhead 2000）截然不同的方法，研制了 AVL 词表。在近几年出现的新通用学术词表中，AVL 词表是在学界具有代表性的研究成果，一经发表就得到了学者的关注。根据 2021 年 3 月 9 日 Scopus 数据库检索的结果，加德纳和戴维斯（Gardner & Davies 2014）发表在 *Applied Linguistics* 期刊上的论文“A New Academic Vocabulary List”的被引次数为 155 次。

与考克斯黑德（Coxhead 2000）的 AWL 词表相比，加德纳和戴维斯（Gardner & Davies 2014）的 AVL 词表的语料库规模更大，语料更新。两个词表所依托的语料总词数的差异甚至达到了显著性水平。AVL 词表使用的是 4.25 亿词汇量的 COCA 中 1.2 亿词汇量的学术英语子语料库，而且学术文本全部在美国出版，具有书面学术语料代表性。需要指出的是，与 AWL 词表的语料库一样，该库未收录口语学术文本。COCA 学术语料库的语料涵盖 9 个学科：教育（8 030 324 词）、人文（11 111 225 词）、历史（14 289 007 词）、社科（16 720 729 词）、哲学/宗教/心理学（12 463 471 词）、法律/政治（12 154 568 词）、科技（22 777 656 词）、医药/卫生（9 660 630 词）、商业/金融（12 824 831 词）。

该词表的选词标准依据以下四个方面：“频次比率”（ratio）、“分布范围”、“离散率”（dispersion）和“学科指数”（discipline measure）（刘迪麟、雷蕾 2020）。“频次比率”指 AVL 词表只收录那些在 COCA 中学术英语子语料库的频次是 COCA 中非学术英语语料的频次的 1.5 倍的词汇。这个标准是用来保证收录在 AVL 词表的词汇是真正的高频通用学术词汇，而不是通用高频词汇。举个例子，如果某个词在非学术语料库的频次是 20%，那么该词在学术语料库的频次至少是 30%（20% × 1.5）才可以被收录为学术词汇。“分布范围”指 AVL 词表收录的词汇必须在 7 个及以上的学科领域出现，而且每个学科出现的频次必须达到 20%。这个标准是用来保证收录在 AVL 词表的词汇具有学科分布的广泛性。“离散率”指 AVL 词表收录的词汇均匀分布指数（Juilland's D）必须在 0.80 及以上。这个标准是用来保证收录在 AVL 词表的词汇具有学科分布的均匀性。“学科指数”指 AVL 词表收录的词汇必须在某个学科领域的出现频次低于其在该学科领域的期望频次的 3 倍及以上。这个标准是用来排除收录在 AVL 词表的词汇不会是某个学科高频出现的专业学术词汇。

按照以上选词标准，AVL 词表用词元进行初步的统计和分析，然后根据词元形成词族，共提取了 3 015 个词元和 2 000 个词族（Gardner & Davies 2014）。这些学术词汇覆盖了近 14%的 BNC 和 COCA，而且可以区分学术文本与其他文本。为了测试 AVL 词表的可行性，研制者还进行了个案研究。加德纳和戴维斯（Gardner & Davies 2014）抽取了前 570 个 AVL 词族与 AWL 词表的 570 个词族进行了对比。研究发现，AVL 词表前 570 个词族在 BNC 和 COCA 中的覆盖率是 AWL 词表的 570 个词族的约 2 倍。

AVL 词表收录的词汇比 AWL 词表的更加全面和精准，是因为研制方法有较多不同之处。例如，AVL 词表不像 AWL 词表那样预先排除了 GSL 词表里的 2 000 个高频词汇，而是通过频次比率来确认所收录的词汇是学术词汇。另外，AVL 词表也不像 AWL 词表采用词族形式收录词汇，而是使用词元方法对所有词汇进行还原处理和词性标注，最后形成词族。加德纳和戴维斯（Gardner & Davies 2014）还利用 AVL 词表，开发了词汇词组在线工具（WordAndPhrase Interface），用以快速分析语篇中的学术词汇。此外，加德纳和戴维斯（Gardner & Davies 2014）没有事先假设学习者的已有词汇量，并声称收录的通用学术词汇最为全面，因此，AVL 词表最适合词汇量非常少的学习者开始学习学术英语，也适合高水平英语学习者的学术词汇学习。也就是说，AVL 词表的使用对象范围涵盖不同英语水平的学习者，但遗憾的是未对收录词汇进行分级，以满足不同阶段学习者的学习要求。加德纳和戴维斯（Gardner & Davies 2014）也认为 AVL 词表尽管采用了新方法研制词表，但还是像其他词表一样，具有一些局限性，如尚未研发学术程式语词表和核心口语学术词表。

AVL 词表的发表立即受到了学界的广泛关注。一些学者将其与考克斯黑德（Coxhead 2000）的 AWL 词表进行了对比（Hartshorn & Hart 2016；Qi 2016）；一些学者验证了 AVL 词表的适用性（Durrant 2016）；还有一些学者基于 AVL 词表的创建方法开发具体学科领域的专业学术词表（Lei & Liu 2016）。另外一些学者应用 AVL 词表建设学术词汇测试题库（Pecorari et al. 2019）。例如，哈茨霍恩和哈特（Hartshorn & Hart 2016）通过对 AWL 词表和 AVL 词表的系统对比分析，发现两个词表收录的学术词汇重合比率不到三分之一，但对词汇频率和学习者英语水平的解释力没有显著差异。达兰特（Durrant 2016）调查了 AVL 词表在大学英语写作中的适用性，研究发现该词表与大学生作者的相关性比其他类型的作者更紧密，但词表的一半词汇在学生写作文本中的使用频率非常低。雷和刘（Lei & Liu 2016）结合考克斯黑德（Coxhead 2000）的 AWL 词表、加德纳和戴维斯（Gardner & Davies 2014）的 AVL 词表的研制方法，开发了新医学学术词表（Medical Academic Vocabulary List，MAVL）。通过一系列对比分析，他们发现 MAVL 词表与王等（Wang et al. 2008）开发的旧医学学术词表（Medical Academic Word List，MAWL）相比，在医学英语文本中的覆盖率更为广泛，可以更好地为医学英语学习者服务。佩科拉里等（Pecorari et al. 2019）参考 AVL 词表开发了两种形式的学术词汇测试题，并验证了这两种测试题的效度和对等性。

总体来说，AVL 词表仍然是“当今学界最新、最准确、最全面的通用核心学术词汇表”（Gardner & Davies 2014：235）。基于学界对 AVL 词表的各种验证和应用研究，可以发现 AVL 词表更适合为接受性学术词汇的教学和测评提供参考和指导。

2.5.4 ASWL 词表

鉴于学术口语与学术书面语呈现不同的语言特征，党等（Dang et al. 2017）独具视角地研制了 ASWL 词表。这是学界第一个针对学术领域口语使用的词表，研发目的是帮助二语学习者掌握专业领域学术英语话语的口头表达，以便在以英语为教学语言的大学里提高学业成绩。该词表发表之后引起了不少关注。根据 2021 年 3 月 19 日 Scopus 数据库检索的结果，党等（Dang et al. 2017）发表在 *Language Learning* 期刊上的论文“The Academic Spoken Word List”的被引次数为 20 次。

ASWL 词表研发所使用的是 1 300 万词的学术口语语料库。按照比彻（Becher 1989）的分类，该库的语料来自理论自然科学、应用自然科学、理论社会科学、应用社会科学 4 个学科领域。每个学科领域又分为若干子学科，共计 24 个子学科领域。语料类型包括讲座、研讨会、实验、导师指导等情境场合的口语文本。

ASWL 词表的选词标准有三个："分布范围"、"频次"和"离散率"。"分布范围"的具体要求是收录的词汇必须出现在 4 个学科领域，而且在 12 个及以上的子学科领域出现。目的是确保收录的词汇在各学科广泛分布。"频次"的具体要求是收录的词汇出现的频次必须在 350 次及以上或每百万词 26.9 次，以确保是高频词汇。"离散率"的具体要求是收录的词汇必须达到 0.60 及以上的词汇均匀分布指数，以确保是均匀分布在 24 个子学科领域的学术词汇。

根据以上选词标准，ASWL 词表采用词族方法，但未排除 GSL 词表(West 1953) 里的高频词，最终收录 1 741 个词族。按照 BNC 和 COCA 的词表，这些词族被分为四个级别，每个级别又分为虚词和实词两个词表。其中，第一个级别的词族在学术英语口语语料库的覆盖率为 81.62%，四个级别合起来的覆盖率可以达到 90%，高于 AWL 词表（ 4% ）和 AVL 词表（ 24% ）的覆盖率。

2.5.5 《上海词表》

上海高校大学英语教学指导委员会（ 2015 ）编制的《上海词表》是国内较有学术影响力的通用学术词表。《上海词表》是在上海市高校大学英语教学指导委员会制定的《上海市大学英语教学参考框架（试行）》的指导下，根据该框架对大学英语的词汇要求而编制的通用学术词表。该词表的编制耗时近一年，主要实际用途是为教学和测试提供参考，以推进对大学生使用英语进行专业学习、研究和工作的能力培养。

《上海词表》共收录 8 399 个词。这些词来自六大来源，即基于不同的大规模语料库而生成的 6 个词汇资源库：①普通英语高频词(BNC，3 000 个词族)；②通用学术词表（ AWL 词表，570 个词族)；③柯林斯雅思备考核心词汇（ Collins Keywords for IELTS)；④柯林斯托福备考核心词汇（ Collins Keywords for TOEFL)；⑤大学英语四、六级参考词汇；⑥《欧洲语言共同参考框架：学习、教学、评估》(以下简称《欧框》) 之下的英语词汇资源库。这六大词汇资源库在《上海词表》的覆盖率如表 2.5 所示。

表 2.5 《上海词表》词汇收录基本情况

六大词汇资源库	覆盖率 (%)
普通英语高频词 (BNC，3 000 个词族)	100
通用学术词表 (AWL 词表，570 个词族，相当于 3 107 个单词)	100
大学英语四、六级参考词汇 (7 646 个单词)	99.14
柯林斯雅思备考核心词汇 (3 324 个单词)	90.04
柯林斯托福备考核心词汇 (2 008 个单词)	88.79
《欧框》词库 (6 522 个单词)	84.62

注：备考核心词汇主要指除去考生所掌握的基本常用词后留下的学术词汇。柯林斯雅思、托福备考核心词汇的主要筛除对象为词频较低的专业词汇，同样大学英语四、六级参考词汇的主要筛除对象为词频较低、带有半专业性的六级词汇。《欧框》词库中主要筛除同一词族中数量过多的词族成员 (如 care 词族中 carefully、carefulness、carelessness 等)。

《上海词表》将所有收录的词汇用星号标记，共分为五星。把除 BNC 3000 词汇外的五大参考词库收入的词汇标记为五星级词汇 (★★★★★词汇)，被四大资源库收入的标记为四星 (★★★★词汇)，依次类推。该词表指出“星级越高，说明出现在学术语篇中的频率越高，越要求优先掌握”。

《上海词表》自发布以来，在我国多所高校得以广泛应用。该词表的编制给上海市的高校乃至全国高校的学术英语教学提供了有益的教学资源并发挥了重要的指导作用，积极推动了我国学术英语教学和测评的研究与实践。然而，根据《上海词表》所依托的词汇资源库 (如普通英语高频词)，可以发现该词表收录的词汇并不仅限通用学术词汇，还覆盖了一部分的通用高频词汇。而且，该词表只按照被资源库收录词数高低将词汇分为了五个星级，即五个级别，未按“心理与教学标准”(张亦政、张文芝 1995) 对所收录词汇进行主观分析，导致词汇的五个级别分类缺乏充分的效度支持。而且，每个星级的词汇数量未按学习阶段和学年进度合理分配，导致词表不能与实际教学和能力测评有效衔接与对应。另外，该词表在制定后未汇报所收录词汇在特定语料库的覆盖率等数据，词表的效度未得以验证。

2.6 国内外学术词表创建与应用研究

到目前为止，学术词表的创建研究已具有一定的数量规模，学术词表的应用研究也有一些。这些词表研究均为学术英语教学领域做出了重要的学术贡献。下面从学术词表的创建研究和应用研究两个方面对已有文献进行评价，最后给出总体评价。

2.6.1 学术词表创建研究

几乎所有学术词表都是依据所使用语料库中的词汇频率、分布范围和离散率三个选词标准创建而成的。有些词表还使用了非索引词，或者将特定词汇从词表中排除。例如，考克斯黑德（Coxhead 2000）的 AWL 词表的词汇都剔除了韦斯特（West 1953）的 GSL 词表收录的所有词汇。一般来说，很少有学者对学术词表的概念和分类提出各种批评，但是对词表创建所使用的语料库、选词标准、收录方法等却提出了大量的批评性意见。

针对这些批评性意见，托德（Todd 2017）进行了汇总，共有五条。第一条是对创建学术词表使用的语料库的批评。例如，海兰和谢（Hyland & Tse 2007）认为考克斯黑德（Coxhead 2000）的 AWL 词表的语料库学科覆盖面窄，未完全覆盖所有学科。第二条是对学术词表中的词汇识别标准的批评。例如，加德纳和戴维斯（Gardner & Davies 2014）在创建 AVL 词表时，对 AWL 词表排除韦斯特（West 1953）的 GSL 词表收录的所有词汇提出了质疑。第三条是对词表收录词汇的形式的批评。例如，AWL 词表使用词族展现所收录的词汇，new-GSL 词表（Brezina & Gablasova 2013）使用词元，工学基础英语学术词表（Ward 2009）使用单词类型，等等。这些词表创建的研究性论文都批评了其他词表所选择的词汇收录形式。第四条是对以词汇的表面形式作为区分学术词汇的基础的批评。例如，明姿和内申（Ming-Tzu & Nation 2004）发现同音异义词在 AWL 词表中未被考虑只是一个小问题，但是海兰和谢（Hyland & Tse 2007）认为 AWL 词表中的一些学术词汇在不同学科中表达不同的语义，忽视这些同音异义词会导致词表收录词汇不全，影响词表的效度。还有学者（如 Hancioğlu et al. 2008）认为词表只收录单个词不够全面，程式语等词汇语法的使用模式也应该被考虑收录在词表当中。第五条是对词表中包含的词汇数量的批评。例如，沃德（Ward 2009）认为包含 2 000 个词的词表太长，无法在实践中有效使用。

全面反思已有词表，可为新词表的创建提供理论启示和方法的借鉴与创新。自应用语言学界第一个学术英语词表（Campion & Elley 1971）创建以来，学术词表的创建研究已有 51 年的历史。一些学者采用描述性方法尝试对已有词表进行综述性研究。例如，面对学界对 AWL 词表的质疑，考克斯黑德（Coxhead 2011，2016）分别两次反思评价了该词表的创建过程并重申了其适用性及学术贡献。AWL 词表已成为其他词表创建的基础，在学术英语教学领域被广泛应用。最明显的原因就是“该词表是一种可以随时就能使用的资源，考克斯黑德已经为大家提供在线等各种免费形式的通用学术词表”（Nation & Webb 2011：534）。

国内学者金檀等（2019）聚焦学术词表的研制范式和教学应用对学术词表进行了综述研究，提出未来研究可基于现有的“总体语料驱动”、“个体课文驱动”和“具体词网驱动”三种词表研制范式，开发多模态词表（Norris 2019），利用图片、视频和音频等多模态素材帮助学习者从语音、形式和意义等方面全方位随时随地、有效地学习学术词汇。刘迪麟、雷蕾（2020）对国外学界创建的有一定学术影响力的 AWL 词表、AVL 词表、ASWL 词表三个学术词表进行了综述，然后对未来工作提出了研究方向：一是要加强开发不同学科的学术英语词表；二是要开发其他语种的学术词表；三是要继续开发学术口语词表；四是要基于词表开发词汇学习和测试的工具；五是要开发学术程式语词表（多词结构词表）。该综述研究让学界了解了国外学术词表创建研究的现状及存在的问题，但未涉及国内学术词表的创建研究及应用研究。

2.6.2 学术词表应用研究

学术词表是一种重要的教学资源，不仅被教师和研究者，还被教材设计者、教材出版商以及词典编纂者和网络软件设计者经常使用（Coxhead 2016）。学术词表一般应用在以下三个方面：教学及测评的指导和研究、词典的编纂及修订、教材及学习工具的研发。国外关于学术词表的应用研究，主要包括学术词汇能力发展研究、学术英语教材和期刊分析、学术词汇功能研究、软件开发等。

在学术词汇能力发展研究方面，学者大多基于学术词表采用词汇测试、读写结合任务测试、访谈、文本分析及语料库等方法进行探讨，具体内容包括：①学习者对学术词汇的认知理解（Coxhead 2012）；②不同语言水平和不同专业大学生的学术词汇学习需求（Durrant 2014）；③不同语言水平和不同写作水平大学生的学术词汇产出特征（Hyland & Tse 2007；Ohlrogge 2009）；④学术词汇对学术阅读的影响（Cunningham & Moore 1993；Nergis 2013）；⑤学术词汇的课程设置及学习者的学术词汇能力发展变化（Clark & Ishida 2005）。例如，山本（Yamamoto 2014）的研究采用定量和定性设计相结合的方法，分析了有意学习词汇表对学习者的词汇知识发展的影响，还探讨了促进词汇知识发展的词汇学习过程和策略。研究结果表明，学习 AWL 词表不仅可以使学习者获得接受性词汇知识，还可以促进产出性词汇知识的习得，并提升整体词汇的深度知识。

在学术英语教材和期刊分析方面，研究者主要基于 AWL 词表、AVL 词表等词表对教材、期刊文本进行词频分析。哈吉耶娃（Hajiyeva 2015）发现 AWL 词表的 2 000 个高频词汇在英语专业各课程教材中均有出现，占比达 88.92%。旺普米维奇等（Vongpumivitch et al. 2009）研究了应用语言学期刊的 200 篇论文，发现有 475 个 AWL 词族被使用了 50 多次。

在学术词汇功能研究方面，研究者主要基于 AWL 词表并应用学术词汇功能分析框架分析词汇的功能意义。帕科（Paquot 2010）对产出性学术词汇在学术写作中的修辞功能进行分析，发现二语学习者存在学术词汇储备不足、语域意识缺乏、语义使用错误等问题。

在软件开发方面，加德纳和戴维斯（Gardner & Davies 2014）基于 AVL 词表，开发了词汇词组在线工具。这个工具可以帮助教师和研究者对文本中的学术词汇进行快速分析，在学术英语教材的编写和教师备课等活动中起辅助作用。

国内对学术词表的应用研究数量较少，主要关注 AWL 词表在词汇能力发展、教材期刊分析、软件开发等三个方面的应用。例如，吴瑾（2011）和栾岚（2013）基于 AWL 词表，对大学生和研究生的学术词汇能力进行评价，发现大学生的学术词汇能力发展呈上升趋势，而研究生的学术词汇知识深度不够。朱东华、金利民（2012）基于 AWL 词表对英语精读教材进行分析，结果发现学术词汇的覆盖率偏低，难以满足学习者的认知水平发展。吴瑾、王同顺（2007）基于上海交通大学科技英语语料库探讨了 AWL 词表的适用性，发现该词表虽适用于自然与理工学科，但仍有 57 个词族在词表中的顺序和内容需要调整。金檀等（2018）基于词表开发了线上系统“英语阅读分级指难针”（以下简称“指难针”）。该系统不但能计算每篇课文的词汇覆盖率，从而判断课文的词汇难度级别（郭凯等 2018），还对小学到大学的英语教学词表研制有参考意义。

综上，国外学术词表的应用研究比国内的相关研究涉及面更广，但缺乏一定的深度。国内学术词表的应用研究数量少且范围窄。总体来说，学术词表的应用研究需要深化，学术词表的应用价值需要充分挖掘，这样才能更好地指导学术英语词汇教学实践和学术词汇研究。

2.6.3　总体评价

国外学术词表研究已取得一定成果，但存在一些不足：①内容欠缺。词表创建是研究热点，AWL 词表适用性较低，满足不同需求的分类词表非常缺乏，且学术词表的应用研究涉及领域少。②方法局限。词表依据的语料库文理不均衡，且仅用词族或词元来计算词频，词表的适用性降低。③视角单一。已有研究多是基于单一视角的，鲜见语料库语言学、二语习得等多个视角的综合研究。

国内学术词表研究起步较晚，不足之处如下：①词表缺乏。适用于非英语专业大学生、具有较高效度、能够与《中国英语能力等级量表》对接的通用学术词表非常缺乏。②应用无法。通用学术词表的应用研究少而窄，应用价值尚未充分挖掘，不利于指导学术英语教学实践和学术词汇研究。

综合国内外相关研究，学术词表研究有待深入与拓展，可以在以下四个方面进行。第一，深化内容。结合《中国英语能力等级量表》对学术词汇能力的各级要求，创建大学通用学术词表及分级词表。第二，整合视角。整合多个视角进行综合研究，充分挖掘学术词表的应用价值。第三，规范方法。需统一选词标准，规范提取程序和统计方法。第四，拓宽领域。学术词表的应用价值需在教学、测试和研究等领域大力拓展。

2.7 小　　结

学术英语的理论源头可以追溯到“受限语言”或“子语言”。在英语成为国际学术交流通用语的语境下，学术英语作为一种子语言或语言变体，愈来愈受到研究者和教师的重视。学术词汇是构成学术英语语言系统的要素之一，也是学术英语教学的主要内容。按照学科用途，学术词汇一般分为通用学术词汇和专业学术词汇。按照学习用途，学术词表可分为通用学术词表、通用学术程式语词表、专业学术词表和学科群学术词表等。多数词表使用词族收录学术词汇，如 AWL 词表，但随着词表研制技术的发展，学者发现使用词族存在一些弊端。学者开始使用词元来解决这些问题，如 AVL 词表采用词元方法收录词汇。学术词表可以应用于教学及测评的指导和研究、词典的编纂及修订、教材及学习工具的研发等方面。国内学术词表的应用研究数量少且范围窄。未来研究应在词表的创建和应用方面整合研究视角、规范研究方法、深化研究内容、拓宽研究领域等。

本书所做研究的总体框架将基于语料库语言学和二语习得两种理论视角。研究拟从语料库语言学的视角出发，采用新的研制方法，创建适用于非英语专业大学生的通用学术词表。此外，本书还采用实证方法，探索和发掘通用学术词表在学术英语教学、测试、研究等领域的应用方法及其价值。这方面的应用研究主要从二语习得的视角考察学术词表对词汇教学、测评和词汇能力发展研究的指导作用。

本书所做的研究有助于推进我国高校学术英语教学改革，提升我国大学生运用英语进行专业学习和研究活动的各项能力，助力实现“双一流”战略国际化人才培养目标。

第3章

学术词表与《中国英语能力等级量表》的对接

《中国英语能力等级量表》的发布为我国各阶段的英语学习和教学提供了参考，为英语教学的测评方式提供了能力参考标准。本章首先介绍《中国英语能力等级量表》的研制背景、《中国英语能力等级量表》研究文献综述、分量表——《词汇知识运用能力量表》的研制；然后分析学术词表与《词汇知识运用能力量表》对接的理据和方法；最后，对《词汇知识运用能力量表》进行修订。

3.1 《中国英语能力等级量表》的研制背景

改革开放以来，随着我国外语教育事业的快速发展，外语考试已经成为选拔人才的重要手段，但仍然存在一些问题：一是缺乏统一标准，不能满足社会对高质量考试的需求；二是对外语教学的积极导向不足，不利于促进教学成效的提升；三是国际认可度不高，不利于提升教育国际化水平（刘建达、吴莎 2019）。据此，研制《中国英语能力等级量表》是有助于解决这些问题的一项重要的科研任务。研制《中国英语能力等级量表》的深远意义如下：制定量表是实现新时代国家发展战略的需要；是促进语言教育教学发展的要求；是深化考试招生制度改革的迫切要求；是推动各种英语学习成果沟通互认的需要；能满足学习者个性化、多样化学习的需求。

自美国政府 1955 年研制出最早的语言能力等级量表（Foreign Service Insititute，FSI，Clark & Clifford 1988），国外关于语言能力等级量表的研究已有 60 多年历史，主要集中在北美、欧洲、澳大利亚等地区（韩宝成 2006）。目前最有影响力的是欧洲委员会研制的《欧框》（Council of Europe 2001）。国内关于语言能力等级量表的研究起步较晚，但学者对我国制定统一的外语能力标准提出了很多有益的建议（如韩宝成 2006；杨惠中、桂诗春 2007；方绪军等 2008）。随后，2015 年“中国英语能力等级量表建设”被列为教育部社会科学重大攻关项目。2018 年《中国英语能力等级量表》研制完成，由教育部发布并在全国实施。《中国英语能力等级量表》的语言能力总表如表 3.1 所示。

表 3.1　语言能力总表

级别	内容
九级	能准确、透彻地理解和把握各种语言材料 能自如地运用各种表达方式就各种话题进行深入沟通和交流，表达精确、自然、纯正，并体现一定的语言风格
八级	能理解不同体裁和话题的语言材料，领悟其内涵和话语特征，包括语言风格 能在多种场合熟练使用各种表达方式和策略进行有效的学术交流或与专业有关的交流，就不同的相关话题进行充分、准确、恰当的阐述、论证和评析，表达准确、流畅、连贯、得当
七级	能理解多种话题的语言材料，包括自己所学专业领域的学术性材料，准确把握主旨和要义，客观审视、评析材料的内容，理解深层含义 能就多种相关学术和社会话题进行深入交流和讨论，有效地进行描述、说明、解释、论证和评析，表达规范、清晰、得体、顺畅
六级	能理解多种话题（包括一般性专业话题）的语言材料，把握要点及其逻辑关系，分析、判断、评价材料中的观点、态度和隐含的意义 能在熟悉的学术或工作交流中参与多种话题的讨论，有效传递信息，比较和评析不同的意见，发表见解，表达连贯、得体、顺畅，符合相关文体规范和语体要求
五级	能理解不同场合中一般性话题的语言材料，把握主旨，抓住重点，明晰事实、观点与细节，领悟他人的意图和态度 能在较为熟悉的场合就学习、工作等话题进行交流、讨论、协商，表明观点和态度，就一般性话题进行较有效的描述、说明或阐述，表达准确、连贯、得体

续表

级别	内容
四级	能理解一般社交场合中常见话题的语言材料，抓住主题和主要内容，把握主要事实与观点，清楚他人的意图和态度 能在熟悉的场合就熟悉的话题进行交流，叙述事件发展，描绘事物状况，介绍相关活动，说明事物要点，简单论述个人观点等，表达较为准确、清晰、连贯
三级	能理解日常生活中的简单语言材料，获取特定或关键信息，抓住要点，推断他人的意图 能在日常生活或一般社交场合中用简单的语言与他人交流，描述个人经历、志向等，并能说明理由、表达观点等，表达基本准确、连贯、顺畅
二级	能理解日常生活中常见的简单语言材料，获取基本的事实性信息，把握主要内容 能就熟悉的话题或身边的事物用简单的语言进行交流，陈述信息，叙述事件，描述情况，表达基本的交际意图，实现基本的交际目的
一级	能理解日常生活中十分熟悉的简单语言材料，识别相关活动或身边事物的基本信息，理解基本词语的含义 能用基本的、简短的话语与他人交流，互致问候，相互介绍或描述、陈述身边事物的基本信息，以及表明态度等，有时借助重复或手势、表情等非言语手段

《中国英语能力等级量表》以语言运用为制定导向，以我国英语学习者和使用者的英语能力为实证数据，构建了多层级的能力指标体系（刘建达、吴莎 2019）。在考虑各学段学习者的学习需求的基础上，《中国英语能力等级量表》将英语学习者分为基础、提高、熟练三个学习阶段，并将英语能力层级分为九个级别，每个级别都用描述语清晰地陈述该级别的英语能力表现特征。其中，六级、七级、八级的描述语明确提到了学术英语及学术词汇相关的能力表现。《中国英语能力等级量表》是全国统一的英语能力标准，也是第一个覆盖我国小学、中学、大学各教育阶段英语教学、学习和测评的能力标准，构建起一个完整的英语教、学、测理论体系，为我国英语教学的课程大纲、课堂教学和测评考试等提供适合我国国情的一套能力参照标准（刘建达 2015）。《中国英语能力等级量表》与国外托福、雅思等高风险考试的对接研究正在推进，这方面的研究将会提升《中国英语能力等级量表》的国际影响力，加快国内外考试的对接与互认（何莲珍 2018）。

3.2　《中国英语能力等级量表》研究文献综述

在中国知网上输入主题词“中国英语能力等级量表”，且限定为中文社会科学引文索引（CSSCI）来源期刊对相关文献进行检索（截至 2020 年 7 月 30 日）。检索结果显示，《中国英语能力等级量表》的研究文献最早发表于 2017 年（13 篇），2018 年有 9 篇，2019 年快速增长至 20 篇，2020 年 7 月 30 日前有 5 篇，共计 47 篇。可以说，《中国英语能力等级量表》的研究已成为学者较为关注的课题。

《中国英语能力等级量表》的研究文献主要包括三大内容：量表总表建设研究、分量表建设研究、量表应用研究。量表总表建设研究大多为理论探讨，主要关注以下两个方面：量表建设与实施的科学性和适切性（蔡基刚 2018b；何莲珍、张慧玉 2017；刘建达、韩宝成 2018；刘建达、彭川 2017）和量表的效度验证（方绪军、杨惠中 2017）。这些理论探讨研究让学界了解了量表的理论基础、制定过程以及效度验证情况，有助于量表“车同轨、量同衡”作用的发挥和中国英语教、学、测“一条龙”体系的构建，对后续的分量表建设研究有借鉴和启示意义。

分量表建设研究涉及以下几个方面：听力理解能力量表建设（何莲珍、陈大建 2017；闵尚超等 2018；张洁、赵亮 2017）、口头表达能力量表建设（揭薇、金艳 2017；金艳、揭薇 2017）、阅读理解能力量表建设（曾用强 2017；张晓艺 2017）、书面表达能力量表建设（潘鸣威 2017；潘鸣威 2018；张新玲、张思雨 2017）、笔译能力量表建设（白玲等 2018；冯莉、严明 2018）、口译能力量表建设（刘建珠等 2017；许艺、穆雷 2017；王巍巍等 2018）、语用能力量表建设（韩宝成、黄永亮 2018）、组构能力量表建设（吴介焜、赵雯 2018）。总体而言，分量表建设研究相对量表总表建设研究数量更多，几乎涉及所有分项能力的量表研究。但语言知识运用分项能力量表研究数量较少，尤其是关于词汇知识运用能力的量表研究更少（如贾贻东、武尊民 2019；吴介焜、赵雯 2018）。可以发现《中国英语能力等级量表》的研究正在逐步走向精细化，基于语言运用的建设导向，聚焦各个分项能力，开展描述语的效度验证、分量表的研发修订等实证研究。这些研究探讨的问题愈来愈深入和具体，都为《中国英语能力等级量表》的进一步完善提供了实证参考。

量表应用研究主要关注以下几个方面：《中国英语能力等级量表》在形成性评价中的应用（潘鸣威、吴雪峰 2019；王巍巍 2017）；《中国英语能力等级量表》与考试的对接（蔡宏文 2019；闵尚超 2019；吴莎 2019）；《中国英语能力等级量表》在英语教学中的应用（刘建达 2017,2019；王守仁 2018）。这些应用研究有助于教师增进对《中国英语能力等级量表》的认知和理解，教师运用《中国英语能力等级量表》改进英语的课堂教学和测评内容，为提高英语学习者的各分项能力提供有益的指导，从而促进《中国英语能力等级量表》在各教育阶段的实施。总体来说，《中国英语能力等级量表》的应用研究才刚起步，数量偏少，还有很多内容尚未探讨，尤其是《中国英语能力等级量表》在英语教学各个方面的应用价值，如《中国英语能力等级量表》与英语各类各级词表的对接等。

综上，尽管《中国英语能力等级量表》的研究在短短几年时间里成果颇丰，但仍有大量空间需要深入探索和挖掘。在《中国英语能力等级量表》的应用方面，教师可以根据学生在《中国英语能力等级量表》中的英语语言水平等级，思考《中国英语能力等级量表》与教材、大纲、课标、教法、测评的关系以改进教学；还可利用《中国英语能力等级量表》为不同阶段的英语教学做好衔接（李玉龙、辜向东 2019）。语言测评专家可以参照《中国英语能力等级量表》对各类各级英语考试的内容和题型进行设计，促进《中国英语能力等级量表》等级考试同托福、雅思等国际高风险考试接轨。词表研发者也应依据《中国英语能力等级量表》对各级词汇能力的描述创建各类各级词表，以提供更加丰富的教学资源。

3.3 分量表——《词汇知识运用能力量表》的研制

面向运用的《中国英语能力等级量表》把语言能力当作一种动态的认

知活动，而不是一个静态的和抽象的规则体系（刘建达、吴莎 2019）。《中国英语能力等级量表》的理论框架由语言理解能力和语言表达能力、语言知识、语言策略、语言活动组成。其中，语言知识又分为组构知识和语用知识。组构知识指遣词造句和谋篇布局的知识；语用知识指语言学习者或使用者在具体语境中恰当使用话语完成交际目的所需的知识。组构知识可以细分为语法知识和语篇知识。语法知识又分为词汇知识、句法知识、语音和书写形式知识。词汇知识在《中国英语能力等级量表》中的位置如图 3.1 所示。

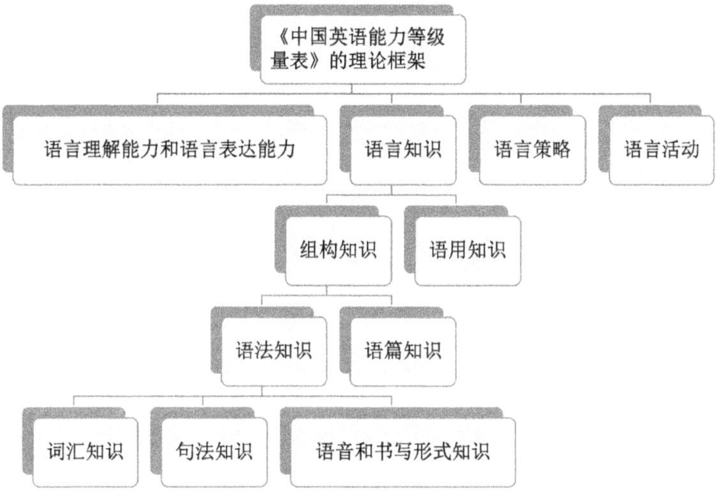

图 3.1　《中国英语能力等级量表》的理论框架

《中国英语能力等级量表》由语言能力总表和分项能力量表组成。词汇知识运用分量表的研制基于很多词汇教学和测试领域知名学者的理论（如 Nation 1990，2001；Read 2000；Schmitt 2000，2010）。关于词汇知识的定义，学界尚未有统一的意见。内申（Nation 1990）认为对于外语学习者来说，词汇知识运用如果要达到本族语者的能力程度，掌握的词汇知识应该既有接受性词汇知识，又有产出性词汇知识。接受性词汇知识专指在听力理解和阅读理解时需要的词汇知识；产出性词汇知识专指在口语和写作中需要的词汇知识。词汇知识具体分为 8 个方面：①词的口语形式；②词的书写形式；③词的语法行为；④词的搭配形式；⑤词的使用频率；⑥该词所应用的文体；⑦词的意义；⑧词的语义联想网络（Nation 1990）。里德（Read 2000）的观点是词由很多不同的词汇单位组成，词汇单位又可以分为单词、多词结构、预制语言三个层次。

基于以上理论，同时参考《欧框》，以及加拿大语言能力量表的方法，《中国英语能力等级量表》确定了符合中国英语学习者学情的词汇知识框架。具体包括：①单词；②复合词；③词族；④单词意义（如一词多义）；⑤词义练习（如同义词、反义词、语义韵等）；⑥词汇组合（如语义相容性、构词法、固定搭配、短语、习语等）；⑦功能性表达法，如“how are you?”。表 3.2 列出了内申（Nation 1990）、里德（Read 2000）和《中国英语能力等级量表》的分量表——《词汇知识运用能力量表》对词汇知识的框架内容。

表 3.2　词汇知识的框架内容对比

来源	词汇知识的框架内容
Nation（1990）	①词的口语形式；②词的书写形式；③词的语法行为；④词的搭配形式；⑤词的使用频率；⑥该词所应用的文体；⑦词的意义；⑧词的语义联想网络
Read（2000）	①单词；②多词结构；③预制语言
《中国英语能力等级量表》的分量表——《词汇知识运用能力量表》	①单词；②复合词；③词族；④单词意义；⑤词义练习；⑥词汇组合；⑦功能性表达法

可以看出，《词汇知识运用能力量表》的词汇知识框架包含对词汇的形式、意义、功能和应用的全方位掌握。量表的描述语也是从这几个方面进行描述的，描述内容既包括语言使用者在理解语言信息时运用接受性词汇知识的程度，也包括在语言表达时运用产出性词汇知识的表现（刘建达、吴莎 2019）。表 3.3 列出的是《中国英语能力等级量表》的分量表——《词汇知识运用能力量表》共分为九个级别，有 58 条描述语（教育部考试中心 2018）。这些描述语从形式、意义和功能三个视角区分不同级别语言使用者的词汇知识掌握和运用的水平差异。

表 3.3　《词汇知识运用能力量表》

级别	内容
九级	能依据词汇知识，创造性地运用词汇进行语言交流 能熟练掌握和恰当使用英语中丰富的固定表达
八级	能正确使用复杂的专业词语和短语 能积累丰富的词汇量，并在表达中熟练使用 能区别单词的内涵和外延，并解释单词的内涵对意义的影响
七级	能正确理解复杂的专业词汇和短语 能熟练地使用学术领域或职场中常见的词语搭配，如 in spite of 能恰当使用常用固定表达，如谚语、习语、公式化表达 能使用常见的学术和专业词汇 能恰当使用常见词汇的字面意义和引申含义
六级	能恰当使用复杂的固定表达，如词语搭配、习语 能区别一般正式与非正式的词语，如 conduct—carry out、request—ask for 能使用常见词汇和短语表达复杂的思想，如 “a hot seat: person who is responsible for responding to all the questions.” 在表达不同的功能、意图和态度等时，能选用恰当的同义词，如 explain、elaborate、expound，使表达更为准确 能理解交流中常见英语固定表达 能使用具有引申含义的常用词语，如 be in the red（亏损、负债）
五级	能识别近义词的意义差异，如 stingy、economical、thrifty 能运用恰当的词汇，表达礼貌、委婉、谦虚等情感及态度 能运用较复杂词语，如 air traffic control strike threat，描述比较复杂的事物、行为、特征以及概念等 能使用相关的词汇和词组，讨论熟悉的话题 能恰当使用常见的固定表达，如 take advantage of、“If were you...”
四级	能理解常见的比较人、事物及事件等的表达方式 能理解描述抽象事物和现象等的词汇 能理解常用的同形异义词，如 my bank manager、the bank of the river 能理解语境中单词和词组的字面意义和引申意义，如 “I have a headache.” “He is a headache.” 能区分常见近义词在词义上的细微差别，如 find、search 能掌握英语核心词语的含义、常见用法以及在特定语境中的意义 能掌握涉及学习、工作、旅行、时事等日常话题的基本词汇 能掌握词根、前缀、后缀和音节结构知识，如 fortune、fortunate、unfortunate 能运用同一词语表达不同的功能、意图和态度，如 must 能灵活使用基本词汇描述事物、行为、特征及定义概念等

续表

级别	内容
三级	能理解单词在形式和意义上的关联，如 visit、visitor；rain、rainy；happy、unhappy 能通过识别词根、词缀来理解生词，如 act、actor、action 能掌握前缀、后缀等常见的构词知识，如 re、in-、im-、un-、-ful、-ation、-ly 能掌握常见的表示月份、星期等词的缩写形式，如 Feb.、Sat. 能掌握常用的词语搭配，如 set out、stay up、a lot of、black tea 能识别和使用基本词汇中常见的同义词，如 see、look、watch；反义词，如 long、short；同音异义词，如 bank、bank 能使用常见的词缀改变词性，如 beauty、beautiful；danger、dangerous 能正确使用时间、地点、方位等表达方式 能使用副词、介词及相关短语表示时间、地点和原因等 能使用常见的副词表示时间、程度、地点、方向、顺序、频次等，如 now、very、there、east、second、often
二级	能识别常见动词的不同形式，如 look、looks、looked、looking 能识别日常生活中的常见标识语，如 Danger、Toilet、Exit 能熟悉单词拼写的简单规则，如 meet、see、keep 能区分常见的同音异形词，如 meat、meet；son、sun 能使用表达个人情感如喜好、厌恶等的常见词语 能使用描述颜色、大小和形状的常见形容词 能使用与日常生活话题相关的简单词汇，如用 swimming、running、skiing 表述运动方式 能根据单词的音、义、形学习词汇 能使用常用的固定表达，如“Please stand up!”“Glad to meet you!” 能正确运用动词第三人称单数形式
一级	能了解常见词汇的反义词，如 big、small 能了解单词是由字母构成的，如“pen”是由“p-e-n”组成 能将常用名词和动词与其对应的事物和动作建立关联，如将“tiger”与所指动物进行关联 能根据视觉提示，如图片、动画等，说出单词和短语 能掌握日常的固定表达，如“Good morning!” 能掌握常见名词的单复数形式 能使用有关个人、家庭和学校的基本词汇

3.4　学术词表与《中国英语能力等级量表》对接的必要性

各级各类英语考试与《中国英语能力等级量表》的对接是近几年来量表

研究的一个热点子课题，引起了很多学者的关注（如蔡宏文 2019；金艳、揭薇 2020；闵尚超、姜子芸 2020）。探讨的主要内容包括接受型/产出型考试与量表的对接（蔡宏文 2019；闵尚超 2019；张洁、王伟强 2019）、分项能力考试与量表的对接（揭薇 2019；闵尚超、姜子芸 2020）、国际英语考试与量表的对接（吴莎 2019）。这些对接研究主要聚焦各类考试与量表的关系和对接的效度问题。

对接研究可以为探析考试和《中国英语能力等级量表》的关系提供途径，使基于量表的考试分数得到更加合理的解释，同时为考试和量表的效度验证奠定基础（Tannenbaum & Baron 2010）。考试对接量表是一个复杂的论证过程，需要研究者为对接的结果提供充分可信的证据。欧洲理事会 2009 年发布了《语言考试和欧洲语言共同参考框架对接手册》（Council of Europe 2009），以便帮助研究者更加方便和有效地开展对接研究。

《欧框》（Council of Europe 2001）是语言能力分级别描述最具国际影响力的文献。《欧框》将语言能力分为初学阶段（A1、A2）、独立阶段（B1、B2）、精通阶段（C1、C2），共 3 个阶段 6 个级别。《欧框》关于学术英语能力方面的描述是这样的（欧洲理事会文化合作教育委员会 2008：25-27）：B2 至 C2 级别的“中高级”和“高级”语言水平者能够用目标语言学习专业知识并在专业领域进行研究工作；B2 级别的语言学习者能够理解自己“专业领域的技术性讨论课题”；C1 级别的语言学习者“在其社会、职业或学术生活中，能有效、灵活运用语言”；C2 级别的语言学习者能轻松阅读“教材、专业论文或文学作品等”，“能对专业著作或文学作品进行书面综述和评论”。

考试和《中国英语能力等级量表》对接的方法包含两个步骤：“调整一致”和“标准设定”。“调整一致”是“标准设定”的前提保证，具体指内容标准、表现标准、课程和考试评价表现相互调整、协同一致、形成整体（雷新勇 2011）。“标准设定”指研究者把考生分为多个层次、级别或类别的决策过程（揭薇 2019）。考试与量表对接研究的主要目的是借助标准设定获得可靠稳定的分界分数。计算分界分数的主要方法有二：逻辑回归和中点分析法（Cizek & Bunch 2007）。

考试是我国各教育阶段英语教学全过程中的一个重要环节，而英语词表又是英语考试测评内容及效度验证的重要参考。不同级别、不同类型、不同内容的英语考试通常参考不同的词表。既然考试需要与量表对接，以实现在级别和内容上的匹配，学术词表也应该与《词汇知识运用能力量表》对接，以发挥更有效、更准确地测评指导，帮助学术英语学习者利用学术词表提高学术词汇知识运用能力。

学术词表对接《中国英语能力等级量表》的研究需要先了解学术词汇在量表描述语中的级别位置。《中国英语能力等级量表》的语言能力总表在五级、六级、七级、八级水平的描述语中明确表述了学术英语相关的能力要求。具体来说，五级的描述语是“能在较为熟悉的场合就学习、工作等话题进行交流、讨论、协商，表明观点和态度”；六级的描述语是“能在熟悉的学术或工作交流中参与多种话题的讨论”；七级的描述语是“能就多种相关学术和社会话题进行深入交流和讨论”；八级的描述语是“能在多种场合熟练使用各种表达方式和策略进行有效的学术交流或与专业有关的交流”。《中国英语能力等级量表》的分项能力量表——《词汇知识运用能力量表》，在四级水平的描述语中已出现学术词汇的能力要求，即“能掌握涉及学习、工作、旅行、时事等日常话题的基本词汇”；五级和六级的描述语未涉及学术词汇；七级水平的描述语中再次出现了学术词汇的要求，即“能使用常见的学术和专业词汇”，“能熟练地使用学术领域或职场中常见的词语搭配，如 in spite of”，“能正确理解复杂的专业词汇和短语”；八级水平的描述语中也特别表述了学术词汇的能力要求，即“能正确使用复杂的专业词语和短语”。

在国内，《大学英语教学指南》（2020 版）是大学英语教学的纲领性文件。王守仁（2018：2）对《中国英语能力等级量表》和《大学英语教学指南》（2020 版）的关系进行了评价，指出“量表面向运用的语言能力构念契合《大学英语教学指南》提出的大学英语教学‘以英语的实际使用为导向，以培养学生的英语应用能力为重点’（王守仁 2016：5）的理念”。根据目前国内英语教育现状的调研结果，王守仁（2018）指出《中国英语能力等级量表》中的“中级学习者和使用者”，即《中国英语能力等级量表》四～六级水平，应该对应于我国高中和大学阶段的英语学习者和英语专业低年级学习者；《中国英语能力等级量表》五级相当于目前的大学英语考试（CET）四级水平，《中国英语能力等级量表》六级相当于大学英语考试六级水平。也就是说，《词汇知识运用能力量表》的四级描述语对应高中阶段选择性必修课程的学术词汇学习要求，五级及以上级别的描述语对应大学阶段及更高阶段的学习要求。

很多国内高校从大学一年级开始就开设了学术英语课程，以培养大学生的学术英语技能和学术英语素养，即用英语学习专业知识、阅读专业书籍和进行学术论文写作的能力，以及提出问题、分析问题和解决问题的研究能力和创新能力等。既然《中国英语能力等级量表》五级相当于大学英语考试四级水平，而四级水平通常是大学二年级学完应该达到的英语水平，《词汇知识运用能力量表》的五级水平的描述应该涉及学习者要达到的学术词汇运用水平。然而，《词汇知识运用能力量表》在五级和六级水平的描述中未提到学术词汇。这说明《词汇知识运用能力量表》关于词汇运用能力的描述语尚不全面和准确，效度有待进一步提高。而且，《词汇知识运用能力量表》与我国大学各年级的英语教学实际尚不完全匹配，对接研究仍需不断探索验证。

本书将基于修订后的《词汇知识运用能力量表》，研制与量表相应级别的学术词表，为我国学术英语教学服务，为培养国际化人才做出贡献。

3.5　学术词表与《中国英语能力等级量表》的对接方法

大学通用学术词表拟根据教育部发布的《中国英语能力等级量表》对词汇能力的要求而创建，该词表是用于非英语专业大学生学术英语教学设计、教材编写与词汇测评的参考分级系列词汇表。词表与《中国英语能力等级量表》对接的方法可遵循考试与《中国英语能力等级量表》对接的方法，即包含两个步骤，一是“调整一致”（雷新勇 2011）；二是“标准设定”（揭薇 2019），但具体操作内容有所不同。词表与《中国英语能力等级量表》对接的第一个步骤是，分析《中国英语能力等级量表》的分量表——《词汇知识运用能力量表》中关于学术词汇能力要求的描述语，依据前人文献和专家意见对其内容标准进行必要的调整和修订，为对接做好理论准备。第二个步骤是，依据修订后的《词汇知识运用能力量表》，结合相关的理论和实践方法，对大学通用学术词表进行科学合理的分级，以实现词表与《中国英语能力等级量表》协同一致并形成整体。

3.6 《词汇知识运用能力量表》的修订

《词汇知识运用能力量表》从四级水平开始描述学术词汇能力的要求，即“能掌握涉及学习、工作、旅行、时事等日常话题的基本词汇”。这些词汇大多为高中英语选择性必修课程要求掌握的词汇。鉴于我国高校建设水平不一，普通高校在大学阶段对学术词汇能力的要求可以始于《中国英语能力等级量表》四级，一些高水平大学对学术词汇能力的要求可以直接从《中国英语能力等级量表》五级开始。王守仁（2018）指出，《中国英语能力等级量表》的五级相当于大学英语考试四级水平，六级相当于大学英语考试六级水平。鉴于《词汇知识运用能力量表》缺少五级和六级的学术词汇能力描述，对《词汇知识运用能力量表》的修订需要增加这两个级别的描述语，同时需要调整七级的学术词汇能力描述语，这样才能使词汇能力分量表与语言能力总表在学术英语方面的能力要求保持一致，同时也符合高校开展学术英语课程的实际情况和大学生从低年级开始学习学术英语的现状。

针对《词汇知识运用能力量表》，可以做如下修订：①在五级描述语中增加“能掌握常见的通用学术词汇”；②在六级描述语中增加“能使用通用学术词汇和常见的专业词汇”；③在七级描述语里增加“能熟练使用通用学术词汇和常见的专业词汇”，七级里的另外两条与学术词汇相关的能力描述不做改动，即“能熟练地使用学术领域或职场中常见的词语搭配，如 in spite of”和“能正确理解复杂的专业词汇和短语”。表 3.4 是修订后的《词汇知识运用能力量表》，加粗部分为量表中关于学术词汇能力的描述语。

表 3.4　修订后的《词汇知识运用能力量表》

级别	内容
九级	能依据词汇知识，创造性地运用词汇进行语言交流 能熟练掌握和恰当使用英语中丰富的固定表达
八级	**能正确使用复杂的专业词语和短语** 能积累丰富的词汇量，并在表达中熟练使用 能区别单词的内涵和外延，并解释单词的内涵对意义的影响
七级	**能正确理解复杂的专业词汇和短语** 能熟练地使用学术领域或职场中常见的词语搭配，如 in spite of 能熟练使用通用学术词汇和常见的专业词汇 能恰当使用常用固定表达，如谚语、习语、公式化表达 能恰当使用常见词汇的字面意义和引申含义
六级	能恰当使用复杂的固定表达，如词语搭配、习语 **能使用通用学术词汇和常见的专业词汇** 能区别一般正式与非正式的词语，如 conduct—carry out、request—ask for 能使用常见词汇和短语表达复杂的思想，如“a hot seat: person who is responsible for responding to all the questions.” 在表达不同的功能、意图和态度等时，能选用恰当的同义词，如 explain、elaborate、expound，使表达更为准确 能理解交流中常见英语固定表达 能使用具有引申含义的常用词语，如 be in the red（亏损、负债）
五级	**能掌握常见的通用学术词汇** 能识别近义词的意义差异，如 stingy、economical、thrifty 能运用恰当的词汇，表达礼貌、委婉、谦虚等情感及态度 能运用较复杂词语，如 air traffic control strike threat，描述比较复杂的事物、行为、特征以及概念等 能使用相关的词汇和词组，讨论熟悉的话题 能恰当使用常见的固定表达，如 take advantage of、“If were you...”
四级	能理解常见的比较人、事物及事件等的表达方式 能理解描述抽象事物和现象等的词汇 能理解常用的同形异义词，如 my bank manager、the bank of the river 能理解语境中单词和词组的字面意义和引申意义，如“I have a headache.”“He is a headache.” 能区分常见近义词在词义上的细微差别，如 find、search 能掌握英语核心词语的含义、常见用法以及在特定语境中的意义 **能掌握涉及学习、工作、旅行、时事等日常话题的基本词汇** 能掌握词根、前缀、后缀和音节结构知识，如 fortune、fortunate、unfortunate 能运用同一词语表达不同的功能、意图和态度，如 must 能灵活使用基本词汇描述事物、行为、特征及定义概念等

续表

级别	内容
三级	能理解单词在形式和意义上的关联，如 visit、visitor；rain、rainy；happy、unhappy 能通过识别词根、词缀来理解生词，如 act、actor、action 能掌握前缀、后缀等常见的构词知识，如 re、in-、im-、un-、-ful、-ation、-ly 能掌握常见的表示月份、星期等词的缩写形式，如 Feb.、Sat. 能掌握常用的词语搭配，如 set out、stay up、a lot of、black tea 能识别和使用基本词汇中常见的同义词，如 see、look、watch；反义词，如 long、short；同音异义词，如 bank、bank 能使用常见的词缀改变词性，如 beauty、beautiful；danger、dangerous 能正确使用时间、地点、方位等表达方式 能使用副词、介词及相关短语表示时间、地点和原因等 能使用常见的副词表示时间、程度、地点、方向、顺序、频次等，如 now、very、there、east、second、often
二级	能识别常见动词的不同形式，如 look、looks、looked、looking 能识别日常生活中的常见标识语，如 Danger、Toilet、Exit 能熟悉单词拼写的简单规则，如 meet、see、keep 能区分常见的同音异形词，如 meat、meet；son、sun 能使用表达个人情感如喜好、厌恶等的常见词语 能使用描述颜色、大小和形状的常见形容词 能使用与日常生活话题相关的简单词汇，如用 swimming、running、skiing 表述运动方式 能根据单词的音、义、形学习词汇 能使用常用的固定表达，如“Please stand up!”“Glad to meet you!” 能正确运用动词第三人称单数形式
一级	能了解常见词汇的反义词，如 big、small 能了解单词是由字母构成的，如“pen”是由“p-e-n”组成 能将常用名词和动词与其对应的事物和动作建立关联，如将“tiger”与所指动物进行关联 能根据视觉提示，如图片、动画等，说出单词和短语 能掌握日常的固定表达，如“Good morning!” 能掌握常见名词的单复数形式 能使用有关个人、家庭和学校的基本词汇

表 3.4 显示出八级及以上级别词表的描述语转向了专业学术词汇能力，如“能正确使用复杂的专业词语和短语”。因此，大学通用学术词表不包括八级和九级的学术词汇，因为该词表只收录通用学术词汇。综上，大学通用学术词表将创建与《词汇知识运用能力量表》四级、五级、六级和七级水平

相匹配的各类通用学术词表，以便为相应级别的英语教学和测评提供对应的参考。

3.7 小　　结

《中国英语能力等级量表》是我国教育部考试中心研发的适合我国国情的统一的英语能力标准，有完整的英语教学、学习、测评理论体系，用于指导小学、中学、大学各教育阶段的英语教学和考试。《中国英语能力等级量表》的研究在短短几年时间里成果颇丰，初具规模，且正在向精细化研究发展。目前，《中国英语能力等级量表》的研究多基于语言运用的建设导向，聚焦各个分项能力，开展描述语的效度验证、分量表的研发修订、考试与量表对接等实证研究。《中国英语能力等级量表》的分量表——《词汇知识运用能力量表》共分 9 个级别，含 58 条描述语，以区分不同级别语言使用者的词汇知识运用能力。考试与《中国英语能力等级量表》的对接研究可以厘清考试和《中国英语能力等级量表》的关系和匹配程度，提高《中国英语能力等级量表》的效度。词表是英语考试测评内容及效度验证的重要参考。学术词表与《词汇知识运用能力量表》对接，有利于学习者确定词汇学习目标，提高相应级别的学术词汇知识运用能力。鉴于《词汇知识运用能力量表》与我国大学英语各年级的教学实际尚不完全匹配，本书在词表与《中国英语能力等级量表》对接研究的基础上，对《词汇知识运用能力量表》进行合理适当的修订，使描述语更精确和完善，从而提高《中国英语能力等级量表》的效度。

第4章

学术词表的创建方法

研究方法的选择至关重要，它直接关系到词表创建的效度、质量与应用价值。本章聚焦词表创建的方法。首先，区分和评述词族和词元在词表创建中的应用；然后，回顾学术词表的研制范式；最后，阐述词表创建的影响因素和词表的质量评价框架。

4.1　词族和词元

学术词表多年来以词族（word family）展现词汇。因此，词族在词汇提取和词表生成中得以广泛使用。近几年，按词元计算频次提取词汇的方法在词表研制中也已出现并得以应用。但哪种方式更好，学界存在一些争议。为了解争议的要点，我们需要先确认词族和词元的概念定义。

4.1.1　词族

词族指由一个词干及其所有屈折变化和派生形式组成的词汇集合（Coxhead 2000）。鲍尔和内申（Bauer & Nation 1993）对词族的一些通用原则进行了描述，并对词缀进行了详细列表（表 4.1）。其目的是创建按频次排序的词族表，比如 BNC、COCA 等，后续可通过“Range”“AntWordProfiler”等程序，用于计算机文本分析。该列表还可用于词汇量测试题库的建设，以避免利用词典选词导致的偏向。另外，该列表可为语言课程和分级阅读课程的设计提供借鉴。

表 4.1　词族分级表

级别	通用原则	累积（个）
一级	词形不同就算一个不同的词。大写形式忽略	1
二级	规则的屈折变化词是同一词族的一部分。屈折变化的分类包括：复数、第三人称一般现在时的单数、过去式、过去分词、ing 形式、比较级、最高级、所有格（8 个词缀）	9
三级	-able、-er、-ish、-less、-ly、-ness、-th、-y、non-、un-和所有限定的用法（10 个词缀）	19
四级	-al、-ation、-ess、-ful、-ism、-ist、-ity、-ize、-ment、-ous、in-和所有限定的用法（11 个词缀）	30
五级	-age (leakage)、-al (arrival)、-ally (idiotically)、-an (American)、-ance (clearance)、-ant (consultant)、-ary (revolutionary)、-atory (confirmatory)、-dom (kingdom; officialdom)、-eer (black marketeer)、-en (wooden)、-en (widen)、-ence (emergence)、-ent (absorbent)、-ery (bakery; trickery)、-ese (Japanese; officialese)、-esque (picturesque)、-ette (usherette; roomette)、-hood (childhood)、-i (Israeli)、-ian (phonetician; Johnsonian)、-ite (Paisleyite; also chemical meaning)、-let (coverlet)、-ling (duckling)、-ly (leisurely)、-most (topmost)、-ory (contradictory)、-ship (studentship)、-ward (homeward)、-ways (crossways)、-wise (endwise; discussion-wise)、anti- (anti-inflation)、ante- (anteroom)、arch- (archbishop)、bi- (biplane)、circum- (circumnavigate)、counter- (counter-attack)、en- (encage; enslave)、ex- (ex-president)、fore- (forename)、hyper- (hyperactive)、inter- (inter-African, interweave)、mid- (mid-week)、mis- (misfit)、neo- (neo-colonialism)、post- (post- date)、pro- (pro-British)、semi- (semi-automatic)、sub- (subclassify; subterranean)、un- (untie; unburden) （50 个词缀）	80
六级	-able、-ee、-ic、-ify、-ion、-ist、-ition、-ive、-th、-y、pre-、re-（12 个词缀）	92
七级	传统的词根和词缀	

表 4.1 显示，2～6 级共有 91 个词缀。中间一栏括号里的数值是各级别的词缀总数。右边一栏是各级词族成员的累积数量，词干也包含在内。如果词族定位在 4 级，加上词干一共有 30 个词缀，因为包含了前面级别的词缀。也就是 2 级的 8 个词缀，加上 3 级的 10 个词缀，再加上 4 级的 11 个词缀和词干，组成了 4 级词族总共 30 个成员。

理想的状态应该是，随着学习者的词法能力提升，词族包含的词汇也相应增多。但这样会给词表的研制和使用带来一些问题。然而，6 级及以下级别的词族对词缀的限制应该可以宽松一些。这样有助于了解自己达到了何种水平，或者词汇量有多少，以及阅读时处理词缀的能力。如果能够有多样的有关词缀知识的一语背景，鲍尔和内申（Bauer & Nation 1993）的词族分级表还可以在学习者的知识背景的基础上帮助设计课程方案。

表 4.2 显示的是鲍尔和内申（Bauer & Nation 1993）按照词族频率排序统计的 6 级词族涵盖的平均词汇量（类符词频）。一般来说，词频越高，词族包含的词汇越多。

表 4.2　6 级 1 000 词族表中前 20 个词族包含的类符词频

词族频率排序	类符词频（个）	词族频率排序	类符词频（个）
1	6.859	12	2.755
2	6.371	13	2.415
3	5.880	14	2.299
4	4.865	15	2.284
5	4.295	16	2.086
6	4.103	17	2.079
7	3.690	18	1.933
8	3.422	19	1.861
9	3.200	20	1.820
10	2.982	均值	3.407
11	2.942		

以上数据来自 BNC/COCA 1 000 词族表。1 000 词族表中第 1 个词族包含 6.859 个词类；第 2 个词族包含 6.371 个词类；第 3 个词族包含 5.880 个词类；第 4 个词族包含 4.865 个词类；第 5 个词族包含 4.295 个词类。到第 10 个词族只包含 2.982 个词类，第 20 个词族包含 1.820 个词类。平均每个词族包含 3.407 个词类。可以看出，随着词频的下降，每个词族所包含的词汇数量也随之下降。

4.1.2　词元

词元也称词目或原形词，指一个词干及其所有屈折变化的词汇集合。例如，make 是词元，它的屈折变化 makes、made、making 等归于 make 这一词元下，这一过程也叫词形还原。更严格的词元定义还区分词性。如果是名词，应该包括所有格，并使用撇号隔开。但更常见的做法是不将所有格包含在词元内。表 4.3 是一些词元举例，来自利奇等（Leech et al. 2001）基于 BNC 的词汇频率计算。

表 4.3　BNC 的词元举例

词元	词性	词形	标准频率（次）	分布范围（个）	离散率
run	可数名词	%	60	100	0.94
@	@	run	47	100	0.94
@	@	runs	13	97	0.86
run	动词	%	406	100	0.96
@	@	ran	87	100	0.91
@	@	run	174	100	0.96
@	@	runnin'	0	12	0.63
@	@	running	104	100	0.95
@	@	runs	40	99	0.93
runner	可数名词	%	15	95	0.87
@	@	runner	7	90	0.89
@	@	runners	8	80	0.85
running	形容词	:	14	100	0.94
running	可数名词	%	22	100	0.95
@	@	running	22	100	0.95
@	@	runnings	0	8	0.58

注：表中“%”指所有词形，“@”指同上，“:”指 running。

从表 4.3 可以看出，相同的词形，如 run，以可数名词、动词等不同形式的词元出现。缩短的拼写 runnin'是 ran 的不规则形式。词元不区分同一词性的词汇意义，也不区分同一词性的同形词（一词多义）。右边三栏的数字先后显示的是：标准频率（standard frequency）、分布范围（range）和离散率。标准频率指的是词汇在每 100 万词（形符）中出现的频率。分布范围是词汇出现的子语料库数量。子语料库的数量总共为 100 个，每库由 100 万词（形符）构成，因此分布范围的最大值为 100。离散率是词汇出现在语料库的分散程度，用小数形式表示。

4.1.3 词族和词元之争

多年以来，学界研制的学术词表的词汇展现形式以词族为主导，如 AWL 词表（Coxhead 2000）、医学学术词表（Wang et al. 2008）、工学基础学术词表（Ward 2009）、护理学术词表（Yang 2015）、ASWL 词表（Dang et al. 2017）等。近年来，学界又出现了一些以词元计算频率，提取学术词汇而形成的学术词表，如加德纳和戴维斯（Gardner & Davies 2014）开发的 AVL 词表、雷和刘（Lei & Liu 2016）研制的新医学学术词表等。

可以看出，学界对词族和词元两种提取方法存在争议（Brown 2010；Gardner 2007；Nation 2013）。词族的使用由来已久，其理论假设有两个：①一个词族是由词干及它的屈折变化和派生变化组成的（Bauer & Nation 1993）；②只要学习者能够掌握基本的英语构词规则，就可以通过这些规则轻松习得该词族所包含的所有词汇（Bauer & Nation 1993；Nation 2016；Schmitt 2000）。在实践方面，韦斯特（West 1953）在学界创建了最早且应用非常广泛的 GSL 词表，该词表采用词族形式展现词汇，共收录 2 000 个高频词族，适用于通用英语的教学与评价，因此，对后续词表的研制方法产生了较大的影响。

随着词表研制技术的发展，学者发现使用词族展现词汇存在六个弊端。第一，同一词族里的所有词汇不一定都表达相同的意义，很可能在多个学科领域传递不同的词义（Nagy & Townsend 2012）。例如，同一词族的不同的（different）与冷漠的（indifferent）的核心词义相差甚远。第二，使用词族展现词汇，一般不关注学科内部和学科之间词汇的固定搭配和语义变异，也不关注词汇的词性和同形（音）异义词，而词性不同，词义可能差异较大

（Gardner & Davies 2014；Hyland & Tse 2007；Lei & Liu 2016）。这些问题会导致学术词表收录的词汇不够全面或不够准确，以致词表的信效度有可能降低（马蓉 2017）。第三，使用词族展现学术词汇不符合学习者的习得顺序，可能会误导学习者先学习派生词，后学习屈折变化，而正常的习得顺序恰好相反（Gardner 2007），这也影响了学术词表的适用性。学习者不一定能完全掌握构词法则，做到先学会词干，再通过词干来学习其他的派生词汇和屈折变化（Brezina & Gablasova 2013；Gardner & Davies 2014；Nagy & Townsend 2012；Schmitt & Zimmerman 2002）。第四，使用词族展现学术词汇有可能增加学习者的词汇学习负担（刘迪遴、雷蕾 2020）。例如，AWL 词表表面上只有 570 个词族，但实际包含 3 000 多个不同形式的词汇。第五，使用词族展现学术词汇，词族中就会列出所有屈折变化和派生变化的词汇。对于已经掌握构词法则的英语学习者来说，这样的词表会显得累赘繁杂，其表面效度（face validity）会受到一定影响。第六，使用词族研制词表需要大量的人工核验和编辑，因为派生词缀不像屈折词缀那样有固定的规则可循；即便是已有的规则，计算机程序也无法轻易处理（Nation 2016）。

关于使用词族展现词汇的批评，也有一些学者不太赞同。内申（Nation 2016）认为词族和词元各有利弊，问题的重点不是词族和词元哪个更好，而是哪一级别的词族（包含词元）最适合特定的学习者群体。对接受性词族最常见的批评集中在应该允许哪些词缀加入词族。鲍尔和内申（Bauer & Nation 1993）的 1～6 级合起来的词族包含 92 个词缀，但很多都是本族语小学生和以英语为外语的中级水平学习者所不认识的。鉴于使用词族展现词表可能出现的各种不足，越来越多的学者开始使用词元来解决这些问题（如 Gardner & Davies 2014；Lei & Liu 2016）。综上所述，还是词元更有利于提升学术词表的研制效率和研制效度。因此，本书将采用词元展现通用学术词汇。

4.2　学术词表的研制范式

文献显示，第一部学术英语词表是由坎皮恩和埃利（Campion & Elley

1971）基于小型英文教材语料库所研制的。迄今为止，学术英语词表的研制已有 51 年的历史。研制方法主要是基于语料库语言学理论，采用语料库选词方法进行创建。在科学技术不断发展的今天，词表研制的理论和技术也相继发展和提高，随之出现了不同种类的研制范式。大致可以分为四大类："总体语料驱动"、"个体课文驱动"、"具体词网驱动"和"词表整合重组"。其中，前三类由金檀等（2019）归纳。四种研制范式的基本内容如表 4.4 所示。

表 4.4　词表的研制范式内容汇总

研制范式（开始时间）	研制目的	理论基础	研制步骤	词表类型举例
"总体语料驱动"（20 世纪 70 年代）	区分学术英语词汇	词汇频次	（1）构建总体语料 （2）生成初始词表 （3）比较词汇频率 （4）生成词汇总表	AVL 词表（Gardner & Davies 2014）
"个体课文驱动"（20 世纪 80 年代）	确认需要讲授的学术词汇	词汇覆盖	（1）选取基准词表 （2）计算词汇覆盖 （3）标注目标生词 （4）生成生词列表	单篇课文生词列表（金檀等 2018）
"具体词网驱动"（20 世纪 90 年代）	促进使用学术词汇	词汇网络	（1）选定具体话题 （2）明确常用词语 （3）查找关联词语 （4）生成词语列表	话题常用词语列表（钱多多 2016）
"词表整合重组"（20 世纪 80 年代）	适用特定学习群体	词汇频次 词汇覆盖	（1）确定参考词表 （2）制定选词方法 （3）整合重组词表 （4）生成新词汇表	UWL 词表（Xue & Nation 1984）

4.2.1　"总体语料驱动"范式

"总体语料驱动"范式始于 20 世纪 70 年代（Praninskas 1972；Ghadessy 1979），是最早的词表研制范式，也是至今使用最为广泛的范式，仍然在学术英语词表研制工作中起主导作用。"总体语料驱动"范式指的是基于大规模语料库，依据一定的选词标准提取词汇并形成学术词表。其目的主要是解决学术词汇的识别和区分问题，这也是学术词汇研究早期学者最为关注的问题。采用"总体语料驱动"范式研制的词表可为学术词汇的学习目标制定、学术英语教材的编写等提供必要的帮助（Coxhead 2000）。“总体语料驱动”范式在总体语料和系统筛选两个方面具有如下特征：一是语料的内容须与词表的研制目标紧密相关，而且应尽可能全面地收集学术英语语料；二是系统根据设定的相关指标进行自动筛选并提取目标学术词汇。

“总体语料驱动”范式的词表研制共有四步（表 4.4）。第一步是研究者根据词表的研制目标，全面收集相关语料，创建语料库。第二步是软件系统依据筛选标准，自动选取词汇并自动生成初始词表。筛选标准主要包括词汇频次阈值和分布范围。词汇频次阈值指词汇在语料库中的最低出现次数，用于辨识词汇是否被经常使用。词汇频次阈值通常设定为每百万词 10～40 次（Coxhead 2000）。分布范围指词汇出现的学科数量，用以判断词汇是否在多种学科间通用。第三步是对词汇在学术语料库和非学术语料库中的频率进行比较，然后根据词表的研制目标和语料库的规模而设定的差值，筛选出学术词汇。这一步骤的目的是避免学术语料库中高频出现的通用词汇（如 it、under、was）被识别为学术词汇。第四步将筛选出的学术词汇按设定的顺序，如字母顺序、频率顺序或其他顺序等进行排列，生成词汇总表。根据词表的研制目标，还可以对学术词汇的释义、例句、词性等进行可能的补充等。

“总体语料驱动”范式研制的词表在学术英语教学资源的开发和教学方向的制定等方面表现出重要的指导作用，但对教材中课文教学的指导作用有限。因此，学者尝试探究新的词表研制范式，以创建词表辅助教材中的课文教学。

4.2.2　“个体课文驱动”范式

鉴于运用阅读材料进行词汇教学非常有助于学习者对阅读材料的理解（Stahl & Fairbanks 1986），研制学术词表的学者开始思考教授哪些学术英语词汇能够更有效地促进学习者理解阅读材料，并有效学习学术词汇（如 Stahl et al. 1987）。在这一背景下，学者基于学生的英语水平从教材里的单篇课文中选取生词，创建词表，“个体课文驱动”范式应运而生。

词汇覆盖率是“个体课文驱动”范式的主要理论基础，专指学习者已经掌握的词汇在阅读文本总词汇中所占的百分比。研究发现，单个文本的词汇覆盖率与学习者的文本理解能力之间存在正相关关系，并指出词汇覆盖率到达 98%就能有效促进学习者对文本的理解和词汇的学习（Schmitt et al. 2011）。

“个体课文驱动”范式的词表研制共有四步（表 4.4）。第一步是选取适用于某一学习阶段学生应该掌握的所有词汇作为基准词表。有两种选取方法：一是以特定学习阶段的教学和测试文本为语料来源，研制相应阶段的基准词表；二是直接将教育部发布的英语教学大纲词表视为基准词表。“英语阅读分级指难针”（Jin & Lu 2018；金檀等 2018）收录小学、中学和大学等教育阶段的教学大纲词表作为基准词表，可为不同学习阶段英语教学的词表研制提供有益的参考。第二步是根据基准词表和单篇课文单词数量计算单篇课文的词汇覆盖率，用以判断课文是否适合特定学习阶段的学生水平。一般认为词汇覆盖率在 90%～98%的课文对词汇学习更有利（Jin et al. 2016）。第三步是根据词汇覆盖率与阅读理解的关系，对目标生词进行标注。需要标注的生词应该是使用频率相对较高的词汇，那些使用频率较低且不影响文章内容理解的专有名词、学科术语等词汇一般无须标注。第四步是按照标注的生词在基准语料库中的频次排序创建单篇课文的生词列表，必要时可根据教学目标补充释义和例句等。

4.2.3 “具体词网驱动”范式

自 20 世纪 90 年代，词表研制者开始思考如何提高学习者在具体语境中使用学术英语词汇的能力问题。在这一研究背景下，“具体词网驱动”范式开始出现。学者尝试运用心理语言学的相关理论，围绕特定话题选取语义和形态相关的词汇，构建词汇网络，形成话题词表，为学习者在具体语境中进行语言输出练习提供帮助。

词汇网络是“具体词网驱动”范式的理论基础（Pease et al. 2008）。词汇网络理论的出现，开始是为了打破传统词表的字母排序模式，将词汇依据近义词、反义词和上下义词等语义关系，或依据词根等形态有机地联系起来。

词汇之间意义和形态的联系以及相应网络的建立，有助于学习者厘清词汇之间的网络关系，学会如何活用词汇（Fellbaum 2005；Miller et al. 1990）。到目前为止，学界已经研制了多种不同的词汇网络。

WordNet 是学界影响力最大的一个词汇网络。它是普林斯顿大学于 20 世纪 90 年代研制的，也是 Global WordNet Association（Pease et al. 2008）等其他词汇网络的构建基础。WordNet 中包含的词汇是按照同义关系，两个或两个以上的词汇组成词集。作为词汇网络中的基本单位，不同词集之间主要通过概念语义关系相互关联（Fellbaum 2005）。WordNet 中的词汇涉及三种词性：名词、动词和形容词。名词词集共有 25 个主题，每个主题的词集之间主要依据上下义关系和整体部分关系形成单词层级（Miller 1990）。动词词集则是根据语言学家提出的 15 个语义领域（Fellbaum 1998），以方式关系互相关联（Miller 1995）。形容词词集包括描述性形容词和关系性形容词（Miller 1995）两类。描述性形容词词集借助近义和反义关系相互关联，而关系性形容词词集根据形态或其修饰的名词相互关联。目前，WordNet 已成为一种在线工具，研究者可以通过选择查看上下义、整体部分等关系的方式，查找目标词语在词网中的关系，从而找到关联词汇。

“具体词网驱动”范式的词表研制共有四步（表 4.4）。第一步根据词表研制的目的选择相关话题。话题的选择可以参照名词词集的相关主题和动词词集的相关语义领域。第二步是找到每个话题最相关和最常用的名词、动词和形容词，确认常用词语。第三步是从词网中找到与上一步已确认的词最相关的词语，作为词表备选词汇用以查找关联词语。第四步是根据教学目标和学习者水平对备选词汇进行筛选，并依据不同话题对词汇分类，生成话题常用词语列表。

4.2.4　“词表整合重组”范式

研制通用学术词表，一般都是基于自建或已有的大规模多学科学术英语语料库（如 Coxhead 2000；Gardner & Davies 2014）。然而，词表所依托的语料库规模再大，也都会在平衡性和时效性等方面存在一些局限。“词表整合重组”范式可弥补这些局限，将多个词表整合重组，优势互补，形成新词表。该范式始于 20 世纪 80 年代（如 Xue & Nation 1984），也是一种较为常见的研制范式。采用“词表整合重组”范式，可以研制适用于特定使用群体的词表，词表的针对性更强。例如，薛和内申（Xue & Nation 1984）基于四个早期研发的通用学术词表（Campion & Elley 1971；Ghadessy 1979；Lynn 1973；Praninskas 1972），合并研制出 UWL 词表，使用对象为大学生。上海高校大学英语教学指导委员会（2015）基于 BNC 的 3 000 个词族、AWL 词表的 570 个词族、柯林斯雅思和托福备考核心词汇、大学英语四、六级参考词汇以及《欧框》词汇等六大词汇资源库，研制了《上海词表》。该词表的使用对象是上海市的高校乃至全国高校的非英语专业大学生。

4.2.5 不同研制范式的发展趋势

以上四种词表研制范式虽然在研制目的、理论基础、排列形式、用途功能等方面存在不同，但其共同目标都是服务学术英语教学，且各有所长。“总体语料驱动”范式的学术词表能给学术英语教学提供总体发展方向，有助于教学资源的研发和教学目标的设定。“个体课文驱动”范式能为单篇课文的词表研制提供有效帮助，通过推动教师的课堂教学实践，实现促进输入型教材研发的目的。“具体词网驱动”范式对输出型教材研发的潜在推动作用不可忽视，目前已有一些口语和写作教材采用了该范式进行词表的研制。“词表整合重组”范式可弥补前三种范式的不足之处，提升词表的效度。

这四种范式推动了学术英语教学研究与实践的发展。从开始探究“输入什么词汇”到“理解哪些词汇”再到“如何使用词汇”，逐步将学术英语词汇研究引向深入。在四种词表研制范式中，“总体语料驱动”范式研发时间最早，理论与实践较为成熟，且应用非常广泛；“个体课文驱动”范式在课文教学中的应用也较为广泛，且正蓬勃发展；“具体词网驱动”范式研发时间最短，虽未成熟，尚未广泛应用于学术英语领域，但发展前景良好；“词表整合重组”范式也较为常用，词表效度高，使用对象针对性强，有较大的应用价值。本书中大学通用学术词表将采用“词表整合重组”的研制范式。

学者可以根据教材的具体编写目标选择合适的词表研制范式，还可以基于这四种研制范式，结合图片、音频、视频等多模态素材创建多模态词表（Norris 2019）。多模态词表不但有助于学习者掌握词汇的形式和意义，而且还能在多模态素材的辅助下，帮助学习者掌握词汇的发音和使用方法，从而有效帮助学习者学习学术词汇。

4.3　词表创建的影响因素

词表创建的影响因素很多，首推选词标准。针对外语教学词表的选词标准，张亦政、张文芝（1995）指出统计分析和经验直觉结合的办法是不错的选择，也就是客观和主观相结合的选词标准，具体包括：①频率与分布率；②不可或缺性；③定义能力；④心理与教学标准。张亦政、张文芝（1995）认为程式语词表的编制具有非常重要的教学意义，如果忽视对程式语词表的编制，有可能导致学习者运用语言的实际能力在低层次徘徊。他们提出了程式语词表的选词标准：①常用性；②难易度；③需要；④文体特征。继而设定了程式语的定级标准：①主干词的频率，主干词的频率高，由其构成的词组难度级别就低；②词义显现程度决定词组的难度，显现程度高，词组难度低；③义项多的词组要比义项少的难；④起句子结构作用的功能性词组其难易度往往与句子狭义语境的复杂程度相关；⑤正式书面用语比一般通用性的词组要难。

根据内申（Nation 2016）的观点，在创建词表之前需要考虑以下几个影响因素，如接受性词汇知识和产出性词汇知识、口语语体和书面语体、语料库的话题多样性、词表使用对象、收录词汇的频率选择等。

区分词汇的接受性词汇知识和产出性词汇知识对于研制词表是非常重要的。这是因为计算单词的单位需要与计算原因相适应。计算单位需要代表词表使用者需要的词汇知识类型。如果用于测量学习者的听读词汇知识（接受性词汇知识），计算单位需要至少是词元或更具包容性的词族级别，词族的级别是由学习者应该掌握的词素知识量来决定的。这是因为当我们读或者听的时候，我们能够做到解决词素问题（Anglin 1993）。就好像我们即便从未遇到 businesslike 这个词，如果我们知道 business 和一些后缀带有-like 的词（如 childlike）或者是介词 like，我们都能猜出 businesslike 的意思，可能从上下文语境中得到一点提示。然而，当我们为了产出性目的使用语言的时候，比如说和写，我们需要知道如何产出词汇的合适形式，才能适合我们想要表达的意思。特别是那些派生词汇，知道一个词的词干并且知道如何使用也不能保证我们能够成功使用带有合适前缀或后缀的同一词干。产出性词汇知识比接受性词汇知识更复杂，这一点从接受性词汇知识测试的分数一般比产出性词汇知识测试的分数高就可得以反映（Waring 1997；Webb 2008）。

区分语料的口语语体和书面语体对于词表的研发也很重要。这是因为口语语体受说话地点和时间的影响，而且大多数说话都具有交互性、非正式性、重复性和不完整性，而且有很强的倾向性。因此，口语语体使用的词汇范围比书面语体的要小很多。区分口语语体和书面语体不仅关系到词汇的丰富度，而且还有经常出现的实际词汇。书面语语料库最高频的词汇经常是 the。在口语语料库中，I 和 You 通常在词频表的首位，还有像 alright、well、yes、hello、nope 等词汇都是口语语体的典型词汇。

由语料库文本生成的词表在很大程度上受文本覆盖话题多样性的影响。话题宽广和多样的文本比单一话题或单一领域如经济或医学的文本生成的词表收录的词汇数量更多（Sutarsyah et al. 1994；Quero 2015）。即便异质语料库和同质语料库总体词数相当，前者仍然可以生成收录两倍不同词汇的词表。同质语料库里的专业词汇，在语料文本总体词数中占据相当大的比例，而且可能只包含同一话题的文本，或同类型的文本，比如非正式的演讲、记叙文或通用写作。一般来说，语料库的规模越大，语料越多元，生成的词表在后期完善阶段需要调整和修订的内容就越少。

词表使用者的年龄和学习阶段也是研发词表需要考虑的因素（Macalister 1999）。学习者年龄和学习阶段的不同会导致他们谈论和阅读的话题大不相同。高质量的词表应该能够反映特定学习者的认知特点，适用于他们的学习内容，满足他们的不同需求。

研发词表还需要考虑的一个问题就是聚焦语料库中哪种频率的词汇：高频词、中频词还是低频词。这关系到语料库建设的规模。如果是计划研发高频词汇和学术词汇的词表，规模相对较小的语料库是足够用的（Brysbaert & New 2009；Coxhead 2000）。

综合以上对创建词表的影响因素的分析，本书拟以非英语专业大学生和学术英语教师为词表使用对象，依托具有学科多样性的大规模学术英语口语和书面语语料库，创建接受性学术词表，以适用于大学阶段不同水平学习者的不同学习需求，使学术词表的用途更加精准地服务教学和测评。

4.4　词表的质量评价框架

对词表的质量进行评价是词表创建不可或缺的一项工作内容。表 4.5 是内申（Nation 2016）提出的可适用于各类词表的质量评价框架。该框架包含 8 个观测焦点：词表目的、计算单位、语料库、主词表、其他词表、词表创建、自我评价、可用性。每个观测焦点都配有 1 个及以上问题，共计 26 个评价问题。教师和学者可以通过思考回答这些问题，对已创建的词表进行质量评价并提出改进方案。

表 4.5　词表的质量评价框架

观测焦点	评价问题
词表目的	词表的目标人群是否描述清楚？ 词表的目的是否描述清楚？
计算单位	计算单位是否适合词表创建的目的？ 计算单位是否界定清晰？包括英国英语和美国英语的拼写、替代拼写、词性、缩写以及数字 计算单位的设定是否给出充分的理由？
语料库	语料库的内容是否适合词表的目的？ 语料库是否足够大可以获得可靠的结果？ 语料库是否被分为几个子语料库，以便测量覆盖率和离散率？ 子语料库是否足够大，是否规模相等，是否连贯？ 是否对语料库进行错误检查？

续表

观测焦点	评价问题
主词表	是否对词汇收录的标准和剔除的标准有明确的描述? 是否处理过同形词? 是否处理了专有名词，包括专有名词同形词? 是否区分了包含专有名词的内容? 连字符的单词处理过了吗? 语义透明的复合词的处理方式是否与连字符的单词一致? 首字母缩略词，包括首字母缩略词同形词都处理了吗? 是否对最初输出的专有名词词表和其他词表进行了修订?
其他词表	是否处理了边缘词（marginal word：口语中经常出现但没有指称意义的词）? 是否使用了其他补充词表?
词表创建	词表的词汇收录和排序标准（频次、分布范围、离散率，或一些复合测量）是否描述清楚并给出合理的理由解释? 制定子词表的标准是否有明确的描述和理由解释? 是否使用了任何主观标准? 是否有明确的描述和理由解释? 这些词表是否与相近词表进行了对比，包括覆盖率、重叠和不重叠的单词?
自我评价	是否指出词表的不足之处?
可用性	词表是否公开电子版本用于接受评价?

除了内申（Nation 2016）的词表质量评价框架，学界还使用了其他方法对各类词表进行评估。党等（Dang et al. 2020）为了评估 BNC 2 000 高频词表（Nation 2006）、BNC/COCA 2 000 高频词表（Nation 2012）、NGSL 词表（Browne 2014）和 new-GSL 词表（Brezina & Gablasova 2013），调查了这四个词表在 9 个口语语料库和 9 个书面语语料库的覆盖率以及与主词表的重叠词汇。结果发现 BNC/COCA 2 000 高频词表（Nation 2012）能够提供最有用的词汇，最受教师和二语学习者的欢迎。

4.5 小　　结

学界对词族和词元两个词汇的提取方法存在争议。事实上，词族和词元两者各有利弊，因此，内申（Nation 2016）指出创建词表时我们应该更关注词表的目标学习群体最适合哪一级别的词族（包含词元）。大学通用学术词表的计算单位将采用词元方法，以有效提高词表效度，为学习者的学术词汇学习目标的制定和教师进行词汇测试提供有益参考。学术词表的研制范式包括“总体语料驱动”“个体课文驱动”“具体词网驱动”“词表整合重组”等范式。为了保证词表的效度和较强的针对性，大学通用学术词表采用“词表整合重组”范式，以提升其在学术英语教学实践中的应用价值。对词表的质量进行评价也是词表创建不可或缺的一项工作，评价内容包括：词表目的、计算单位、语料库、主词表、其他词表、词表创建、自我评价、可用性等 8 个观测点。此外，还可通过覆盖率和重叠词来检验词表的质量。

第5章

大学通用学术词表的创建

本章聚焦大学通用学术词表的创建。首先阐述学术词表的参考词汇资源库、编制方法和操作步骤，学术词表的分级方法等，目的是为学术词表的创建打好坚实的理论基础，同时为界定学术词表创建的范围提供信息支撑，并为提升学术词表的信效度提供有力保障。然后，呈现学术词表的基本特征、具体内容及词族转换，供学术英语教学和研究参考之用。

5.1 参考词汇资源库

本书将不再自建大规模学术语料库进行数据驱动的词汇选取，而是采用“词表整合重组”范式创建通用学术词表。即在整合已有的通用学术词表和其他相关词表的基础上，按照一定的频率标准核验筛选，遴选适用于我国非英语专业大学生的各级各类通用学术词汇。本书创建的大学通用学术词表的参考词汇资源库包括：①AWL 词表（Coxhead 2000）；②AVL 词表（Gardner & Davies 2014）；③BNC/COCA 2 000 词族表（Nation 2012）；④《欧框》词库（欧洲理事会文化合作教育委员会 2008）；⑤《上海词表》（上海高校大学英语教学指导委员会 2015）；⑥大学英语四、六级参考词汇（教育部 2007）。

以上参考词汇资源库在学术英语教学领域均有较大的学术影响力。AWL

词表和 AVL 词表均依托大规模多学科学术英语语料库，是编制大学通用学术词表所需的重要基础词表。但其缺点之一是使用对象均未聚焦特定阶段和水平的英语学习者，致使其适用范围缺少针对性。《上海词表》虽然明确指出针对的是我国高校学术英语学习者，但未对收录的学术词汇进行理据充分的分级和分类，因此不利于对分级词汇的学习目标的制定和学术词汇的分级分类测试。BNC/COCA 2 000 词族表是依托 BNC 和 COCA 而建的，是很多词表的基础参照词表，对各类学术词表的研制具有较强的指导作用。《欧框》词库和《大学英语课程教学要求》的四、六级参考词表可为大学通用学术词表的词汇分级提供必要的参考。

关于大学通用学术词表收录的词汇量范围，需要考虑非本族语者用英语进行专业领域的学习、研究和工作所要求的最低词汇量。根据应用语言学领域的研究成果，非本族语的大学生最少需要 10 000 个英语词汇（其中包含约 1 000 个某一专业的学术词汇）才能读懂一般性学术文章和专业领域的教材和文献（Hazenberg & Hulstun 1996）。这 10 000 个英语词汇，包含三类词汇：核心词汇约 6 000 个、通用学术词汇约 3 000 个和某一领域的专业学术词汇约 1 000 个。因此，大学通用学术词表的主词表将收录约 3 000 个通用学术词汇。

5.2　编制方法

5.2.1　总体编制方法

大学通用学术词表的编制主要采用“词表整合重建”范式（如 Xue & Nation 1984）。对词表的编制遵循四个选词标准：“频次比率”、“分布范围”、“离散率”和“学科指数”。这四个选词标准的主要特征为高频率、广覆盖、宽离散、多学科，以保证收录的词汇是真正在各学科广泛且平衡分布的高频通用学术词汇。词表的词汇展现形式（计算单位）包括词族和词元两种，以避免单一方法导致的各种弊端，从而有效提高词表效度，为学习者的学术词汇制定学习目标并为教师进行词汇测试提供有益参考。

编制过程包括以下几个步骤：第一，将基础词表中的词汇导入词库，按照一定的频率标准和清理标准确定收录与否。第二，对已收录的词汇进行各项检查：①拼写形式，只保留美国英语拼写形式，剔除对应的英国或其他拼写形式；②同形（音）异义词，对这类词汇分别标注释义。第三，根据词表的创建目标，对已收录的词汇进行各项补充，如释义、缩写形式等。第四，将确认收录的学术词汇按设定的顺序，如字母顺序、频率顺序或其他顺序等进行排列，生成主词表和系列子词表。第五，采用定量和定性分析相结合的分析方法对收录词汇进行分级，确认每个单词与《词汇知识运用能力量表》的对应级别。第六，按照内申（Nation 2016）的词表质量评价框架对所创建的词表进行自评，针对性修订不足之处。第七，与已有的同类词表进行对比，考察覆盖率并确认重叠词和非重复叠词，进一步修订完善词表。具体如图 5.1 所示。

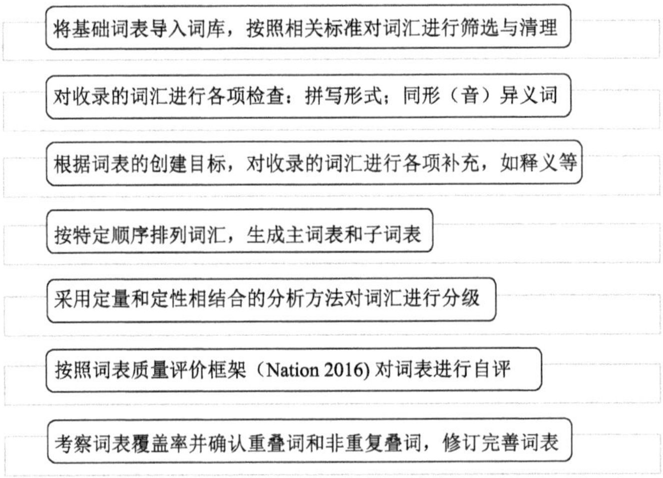

图 5.1　大学通用学术词表的编制过程

总体来说，大学通用学术词表对词汇的收录选择以 AWL 词表和 AVL 词表的学术词汇为基础，采用以定量分析为主和定性分析为辅的混合编制方法。定量分析指参考 AWL 词表、AVL 词表、BNC/COCA 2 000 词族表、《欧框》词库、《上海词表》、四/六级参考词汇表等，根据“频次比率”、“分布范围”、“离散率”和“学科指数”四个选词标准进行统计分析。定量分析还包括某些词族的个案分析和文本覆盖率及重叠词/非重复叠词的检验等。

布热齐纳和加布拉索娃（Brezina & Gablasova 2013：127）指出“如果对语料库只采用定量分析，可能会导致词表生成得出与其他词表近似的高频词汇”。单一的定量分析还有其他弊端，如无法考虑语义不同的派生词和同形（音）异义词等。因此，大学通用学术词表增加了定性分析。这里的定性分析指对每一个词族中的成员进行分析，检查不同形式的拼写、确认语义不同的派生词和同形（音）异义词、补充释义/词性/例句等，还包括依据《词汇知识运用能力量表》对学术词汇进行人工分级和分类。

5.2.2　具体操作步骤

大学通用学术词表主词表的编制方法主要包含以下几个步骤：确定基础词表、清理 AVL 词表、补充学术词汇、检查词汇形式。具体操作有如下四步。

（1）确定基础词表：AVL 词表是应用语言学领域享有较高学术声誉的通用学术词表，具有收词全面和准确的特征，共收录 3 015 个词。大学通用学术词表将以 AVL 词表（Gardner & Davies 2014）为基础词表进行编制。

（2）清理 AVL 词表：加德纳和戴维斯（Gardner & Davies 2014）没有事先假设学习者的已有词汇量，因此，词表含有一部分的基础词汇，其中包含了我国《普通高中英语课程标准》（2017 年版 2020 年修订）词表①里的部分词汇，共计 486 词。这些词汇当中，高中英语必修课程词汇占 284 词；高中英语选择性必修课程词汇有 202 词，其难度大于必修课程词汇。为保持英语词汇学习的连贯性，选择性必修课程词汇也是《大学英语教学指南》（2020

① 《普通高中英语课程标准》（2017 年版 2020 年修订）词表共收录 3000 个单词，其中包含初中一、二、三年级教育阶段要求掌握的 1500 词，高中阶段英语必修课要求掌握的 500 词和选择性必修课要求掌握的 1000 词。

版）要求掌握的词汇，且大部分词汇被列入大学英语四级参考词表，相当于《中国英语能力等级量表》四级水平。因此，选择性必修课程词汇不在大学通用学术词表的剔除范围之内。

基于以上分析，我们剔除 AVL 词表中属于高中英语必修课程要求学习和掌握的 283 个词，以确保收录的都是大学阶段要求学习和掌握的通用学术词汇，且对应《词汇知识运用能力量表》四～七级词汇。具体操作方法：以《普通高中英语课程标准》（2017 年版 2020 年修订）词表为参照，同时参考人民教育出版社普通高中教科书《英语》必修第 1～3 册（2019 年），剔除高中英语必修课程要求掌握的通用学术词汇，需注意区分同形（音）异义词、词性等。同形但意义不同或词性不同要保留。清理剔除后，词表收录的词汇共计 2 731 词。

（3）补充学术词汇：参照 AWL 词表，对 AVL 词表未收录的通用学术词汇进行考查，按照词表的四个选词标准——“频次比率”、“分布范围”、“离散率”和“学科指数”，其主要特征“高频率、广覆盖、宽离散、多学科”，以及“心理与教学标准”（张亦政、张文芝 1995）等进行综合判断，确定需要补充录入大学通用学术词表的词汇，共计 32 词，合计 2 763 词。

（4）检查词汇形式：一是检查拼写，只保留美国英语拼写形式，剔除对应的英国或其他拼写形式；二是检查同形（音）异义词，对这类词汇分别标注释义。

5.3　大学通用学术词表的分级

5.3.1　分级依据

内申（Nation 2016）和党等（Dang et al. 2020）指出词表不宜过长，过长的词表不适于指导教学。大学通用学术词表属于教学用词表，因此，对主词表进行分级，同时形成若干子词表达到创建词表的目的。本书拟将主词表按照一定的频率标准、难度标准和词汇结构特征等分解为若干子词表，以适用各学年的通用学术词汇学习目标。

先前很多词表都对主词表进行了分级或列出多个子词表。薛和内申（Xue & Nation 1984）的 UWL 词表，按学习难度将收录的学术词汇分为 1～11 级的 11 个等级。《欧框》词库（欧洲理事会文化合作教育委员会 2008）将词汇分为 6 个等级，按难度大小依次为 C2、C1、B2、B1、A2、A1。《上海词表》（上海高校大学英语教学指导委员会 2015）将收录的词汇分为 5 个等级，按要求掌握的优先程度分为五星、四星、三星、二星、一星。《大学英语课程教学要求》参考词汇表（教育部 2007）将词表分为 2 个等级：四级和六级。AWL 词表（Coxhead 2000）列有 10 个子词表，每个子词表包含 60 个词族，最后一个子词表有 30 个词族。第一个子词表的词汇频率最高，最后一个子词表词汇频率最低。800 词的基础词表（Essential Word List）（Dang et al. 2020）下列若干子词表，每个子词表包含 50 个单词，最后一个子词表有 24 个单词。考克斯黑德（Coxhead 2000）和党等（Dang et al. 2020）的子词表都是使用分布范围和频率数据对主词表分解而成，他们认为 50 或 60 个单词是进行有意学习比较合适的词汇数量。

为与《中国英语能力等级量表》对接，本书将大学通用学术词表拟分为四个级别，即按照《词汇知识运用能力量表》的级别划分，学习难度从小到大为：四级、五级、六级、七级。这四个级别的词汇分别形成大学通用学术词表的四个子词表。大学通用学术词表涵盖四个词汇级别，可以扩大词表的适用范围，让更多的大学生受益于该词表。具体来说，我国高水平大学英语水平较高的大学生可以直接进入五级学术词汇的学习，而普通高校英语水平较低的大学生可以先从四级学术词汇开始学习。

5.3.2　分级方法

大学通用学术词表主词表的分级主要采用频率方法（COCA 中学术英语子语料库中的频率），兼顾同类词表的分级结果，以及“心理与教学标准”（张亦政、张文芝 1995），同时借鉴黄人杰（1989）、辜向东和李志芳（2009）的分级方法。词表分级共进行四轮操作，经修订后完成。具体步骤如下。

（1）第一轮词表分级：参照《普通高中英语课程标准》（2017 年版 2020 年修订）词表，对 AVL 词表中的高中英语选择性必修课程词汇进行标注，共计 202 词，词汇等级确定为《中国英语能力等级量表》四级。

（2）第二轮词表分级：针对剩余的 2 529 个词，根据词汇在 COCA 学术语料库中的频率从高到低，对这些词进行《词汇知识运用能力量表》分级。同时，按照《大学英语教学指南》（2020 版）对大学英语教学目标的要求，初步确定每个级别的词汇数量。具体级别划分为：《中国英语能力等级量表》五级（1～500 词）、《中国英语能力等级量表》六级（501～1 500 词）、《中国英语能力等级量表》七级（1 501～2 529 词）。

（3）第三轮词表分级：按照全国大学英语四级、六级参考词汇，对 2 529 个词进行四、六级词汇标注。然后，根据王守仁（2018）对英语四、六级考试与《中国英语能力等级量表》关系的论述，查看标注四级的词汇，如果没有列入《中国英语能力等级量表》五级，将其移入《中国英语能力等级量表》五级词汇。标注六级的词汇，如果被列入《中国英语能力等级量表》五级，就归入五级词汇；如果被列入《中国英语能力等级量表》六级，就归入六级词汇；未列入《中国英语能力等级量表》六级的均移入《中国英语能力等级量表》六级。

（4）第四轮词表分级：由 AWL 词表（Coxhead 2000）补充进来的 32 个词，按照它们在 AWL 词表 10 个子词表中的频率顺序，以及在 COCA 中学术英语子语料库中的频率高低，还有“心理与教学标准”（张亦政、张文芝 1995）等综合判断，将其分别放入《中国英语能力等级量表》五级和《中国英语能力等级量表》六级词汇。

（5）修订词表分级：参照 AWL 词表（Coxhead 2000）、BNC/COCA 2 000 词族表（Nation 2012）、《欧框》词库（欧洲理事会文化合作教育委员会 2008）、《上海词表》（上海高校大学英语教学指导委员会 2015）等对通用学术词汇的分级进行必要的修订。最后得出，《中国英语能力等级量表》四级词汇共收录 202 词，占大学通用学术词表总词数的 7.31%；五级词汇共收录 607 词，占总词数的 21.97%；六级词汇共收录 971 词，占总词数的 35.14%；七级词汇共收录 983 词，占总词数的 35.58%。四个级别共收录词汇 2 763 词，具体见表 5.1。

表 5.1　大学通用学术词表分级词表词汇数量统计

级别	数量（个）	百分比（%）
四级	202	7.31
五级	607	21.97
六级	971	35.14
七级	983	35.58
合计	2 763	100

5.4　大学通用学术词表

5.4.1　基本特征

前文论述了《词汇知识运用能力量表》的修订、参考词库的甄选、编制方法和分级方法的设定。这些内容为创建高质量的大学通用学术词表提供了坚实的理论基础和操作依据。表 5.2 汇总了本书中大学通用学术词表的基本特征，供读者快速了解该词表的全貌。

表 5.2　大学通用学术词表的基本特征

创建目的	非英语专业大学生学术英语分级教学设计、教材编写与词汇测评
词表规模	2763 词
子词表数目	6 个子词表，其中 4 个分级词表（四级、五级、六级、七级）、1 个复合词表、1 个连字符词表
计算单位	词元
语料库	1.2 亿词汇量的 COCA 中学术英语子语料库，涵盖 9 个学科：教育、人文、历史、社科、哲学、法律、科技、医学、商业
参考词汇资源库	（1）AWL 词表（Coxhead 2000） （2）AVL 词表（Gardner & Davies 2014） （3）BNC/COCA 2 000 词族表（Nation 2012） （4）《欧框》词库（欧洲理事会文化合作教育委员会 2008） （5）《上海词表》（上海高校大学英语教学指导委员会 2015） （6）大学英语四、六级参考词汇（教育部 2007）

续表

选词标准	频次比率、分布范围、离散率、学科指数
分析方法	定量和定性相结合
词性	名词、动词、形容词和副词
大小写	区分大小写

大学通用学术词表的创建目的是为非英语专业大学生的学术英语分级教学设计、教材编写与词汇测评提供必要的指导与借鉴。该词表采用定量和定性相结合的方法，使用词元为计算单位，共收录 2 763 个通用学术词汇，由 1 个主词表和 6 个子词表组成，子词表包括 4 个分级词表（四级、五级、六级、七级）、1 个复合词表和 1 个连字符词表。大学通用学术词表所依托的是 COCA 学术语料库，共计 1.2 亿词汇量，涵盖 9 个学科。该词表的创建还借鉴吸收了 6 个参考词库，设定了频次比率、分布范围、离散率、学科指数等 4 个选词标准。该词表包含名词、动词、形容词和副词等四种词性，并区分大小写。

5.4.2 主词表

大学通用学术词表的主词表共计 2 763 词，按字母顺序排列。各类词性在主词表的分布情况如表 5.3 所示。可以看出，主词表收录了名词、动词、形容词和副词四种词性，其中，名词共 1 028 个，占比最多为 37.21%；形容词次之，共 980 个，占比为 35.47%；然后是动词，共 481 个，占比 17.41%；最后是副词，共 274 个，占比最少为 9.92%。

表 5.3 大学通用学术词表主词表词性分布情况

词性	数量（个）	百分比（%）
名词（n）	1 028	37.21
动词（v）	481	17.41
形容词（j）	980	35.47
副词（r）	274	9.92
总计	2 763	100

5.4.3 子词表——分级词表

根据《词汇知识运用能力量表》所要求的词汇能力，大学通用学术词表将通用学术词汇分为四～七级，构成四个子词表。其中，四级子词表收录通用学术四级词汇 202 词；五级子词表收录五级词汇 607 词；六级子词表收录六级词汇 971 词；七级子词表收录七级词汇 983 词。分级词表的内容包括词汇的形式、词性和词义，其中一些词的词性或词义有多种情况，需要提醒使用者予以注意，所以用黑体呈现词汇形式和词性，并给出中文释义。各级词表均按字母顺序排列。

5.4.4 子词表——学术英语复合词表

大学通用学术词表共包含 145 个复合词，按照字母 A～Z 的顺序单列出来形成子词表——学术英语复合词表，以方便读者查找和学习。

5.4.5 子词表——学术英语连字符词表

大学通用学术词表共包含 99 个带连字符的词汇，按照字母 A～Z 的顺序单列出来形成子词表——学术英语连字符词表，以方便读者查找和学习。

5.5 大学通用学术词表的词族转换

为了与其他以词族形式展现的词表进行直接比较，加德纳和戴维斯（Gardner & Davies 2014）把以词元为基础的 AVL 词表转换成词族，共 1 991 个。本书按照加德纳和戴维斯（Gardner & Davies 2014）的做法，将大学通用学术词表的词元转换为词族。表 5.4 呈现的是转换方法的举例。大学通用学术词表共转换词族 1 871 个，按词频的高低顺序进行排列。

表 5.4　大学通用学术词表词族转换举例

词族	词元
system	systematic (j)　systematically (r)　systematize (v)
relate	relation(n)　related(j)　relational(j)　unrelated(j)　interrelated(j)　interrelationship (n)　relatively (r)　relativist (n)
increase	increase (n)　increased (j)　increasingly (r)　increasing (j)
active	actively (r)　activism (n)　activate (v)　inactive (j)
inform	inform (v)　informed (j)　informational (j)　informal (j)　informally (r)　informative (j)
justify	justification (n)　justified (j)　justifiable (j)　justifiably (r)　unjustified (j)
differentiate	differentiate (v)　differentiating (j)　differentiation (n)
proportion	proportion (n)　proportional (j)　proportionate (j)　proportionately (r)　proportionally (r)
adequate	adequate (j)　inadequate (j)　adequately (r)　inadequately (r)
precise	precise (j)　precision (n)　imprecise (j)

注：表中 n 代表名词，v 代表动词，j 代表形容词，r 代表副词。

5.6 小　　结

大学通用学术词表是分级分类系列词汇表，可为非英语专业大学生的学术英语教学与测评提供参考。大学通用学术词表的创建方法科学、严谨，编制过程井然有序，有力地保障了词表的效度。大学通用学术词表采用“词表整合重组”范式，基于 AWL 词表、AVL 词表、BNC/COCA 2 000 词族表、《欧框》词库、《上海词表》、四/六级参考词汇表等词汇资源库，根据“频次比率”、“分布范围”、“离散率”和“学科指数”四个选词标准经过统计分析而建，以保证收录的词汇是真正在各学科广泛且平衡分布的高频通用学术词汇，最终收录 2 763 词。大学通用学术词表由一个主词表和四个子词表组成。主词表分为四个能力等级，即四个子词表，分别对应新修订的《词汇知识运用能力量表》四级、五级、六级、七级，以便为相应级别的学术英语教学和测评提供对应的参考。大学通用学术词表共包含名词、动词、形容词和副词四种词性，其中，名词占比最大，形容词次之，然后是动词，副词占比最小。

第6章

大学通用学术词表的效度验证

编制学术词表的最后一个环节也是必不可少的一个环节，就是对新编词表进行效度验证，以确保词表的可靠性、合理性和适用性。尽管大学通用学术词表的编制方法是对前人词表的整合与重组，仍需采用科学方法对其效度进行验证。本章从学术词表的质量自评、学术文本的覆盖率、同类词表的对比以及词表分级的合理性等四个方面进行分析，论证大学通用学术词表的效度。

6.1 质 量 自 评

对大学通用学术词表进行质量自评，可以全面检验该词表是否高质量地完成了创建目标，同时也对该词表做一次深度反思，找出不足，为进一步修订完善词表提供依据。下面按照内申（Nation 2016）的词表质量评价框架对大学通用学术词表进行自评，结果见表 6.1。

表 6.1　大学通用学术词表质量自评表

观测焦点	评价问题	大学通用学术词表
词表目的	词表的目标人群是否描述清楚？ 词表的目的是否描述清楚？	描述清楚。目标人群是非英语专业大学生。创建目的是助力学术英语分级教学设计、教材编写与词汇测评

续表

观测焦点	评价问题	大学通用学术词表
计算单位	计算单位是否适合词表创建的目的？ 计算单位是否界定清晰？包括英国英语和美国英语的拼写、替代拼写、词性、缩写，以及数字 计算单位的设定是否给出充分的理由？	计算单位是词元，适合词表创建的目的。本书中词元的概念界定清晰，指一个词干及其所有屈折变化的词汇集合，拼写形式为美国英语，有词性标注。 词元的采用理据充分，与词族相比，词元更有利于提升学术词表的研制效率和研制效度
语料库	语料库的内容是否适合词表的目的？ 语料库是否足够大可以获得可靠的结果？ 语料库是否被分为几个子语料库，以便测量分布范围和离散率？ 子语料库是否足够大，是否规模相等，是否连贯？ 是否对语料库进行错误检查？	采用 COCA 学术语料库，内容适合词表创建的目的。 语料库规模足够大，有 1.2 亿词汇量，涵盖 9 个学科：教育（8 030 324 词）、人文（11 111 225 词）、历史（14 289 007 词）、社科（16 720 729 词）、哲学/宗教/心理学（12 463 471 词）、法律/政治（12 154 568 词）、科技（22 777 656 词）、医药/卫生（9 660 630 词）、商业/金融（12 824 831 词）。各个学科词数不具有显著差异，有助于测量分布范围和离散率。 已对语料库进行错误检查
主词表	是否对词汇收录的标准和剔除的标准有明确的描述？ 是否处理过同形词？ 是否处理了专有名词，包括专有名词同形词？ 是否区分了包含专有名词的内容？ 连字符的单词处理过了吗？ 语义透明的复合词的处理方式是否与连字符的单词一致？ 首字母缩略词，包括首字母缩略词同形词都处理了吗？ 是否对最初输出的专有名词词表和其他词表进行了修订？	明确描述了词汇收录的标准（频次比率、分布范围、离散率和学科指数）和剔除的标准，即剔除 AVL 词表中属于高中英语必修课程要求学习和掌握的词汇，以确保收录的都是大学阶段要求学习和掌握的通用学术词汇，且对应《词汇能力量表》四～七级词汇。 同形词的处理方式是按照不同的词性分别列出。 专有名词的处理方式是开头字母大写，对其内容不做区分。 词表含有连字符的单词，处理方式与语义透明的复合词一致。 词表含有首字母缩略词，对最初输入的词表进行了修订。 专有名词词表不在本书研究范围内
其他词表	是否处理了边缘词？ 是否使用了其他补充词表？	词表未收录任何边缘词。 使用了参考词表，包括 AWL 词表，AVL 词表，BNC/COCA 2 000 词族表，《欧框》词库，《上海词表》，大学英语四、六级参考词汇

续表

观测焦点	评价问题	大学通用学术词表
词表创建	词表的词汇收录和排序标准（频率、分布范围、离散率，或一些复合测量）是否描述清楚并给出合理的理由解释？ 制定子词表的标准是否有明确的描述和理由解释？ 是否使用了任何主观标准？是否有明确的描述和理由解释？ 这些词表是否与相近词表进行了对比，包括覆盖率、重叠和不重叠的单词？	明确描述了词汇收录的标准并给出了理由解释。 明确描述了制定子词表的标准并给出了理由解释。 使用了主观标准，有明确的描述和理由解释。 本书将大学通用学术词表与其相近词表进行了对比，包括覆盖率、重叠和不重叠的单词
自我评价	是否指出词表的不足之处？	由于时间和人力的限制，大学通用学术词表存在几个不足之处：未给出收录词汇的英文释义；未给出收录词汇的英文例句
可用性	词表是否公开电子版本用于接受评价？	电子版已公开，获取途径为：https://pan.baidu.com/s/1tk_prt9Px0OzjMAKa3FriQ。 提取码：7iw1

表 6.1 显示，大学通用学术词表的质量自评从词表目的、计算单位、语料库、主词表、其他词表、词表创建、自我评价、可用性等方面展开。词表的目的描述清楚，是为非英语专业大学生的学术英语分级教学设计、教学编写与词汇测评提供参考依据。计算单位为词元，适合词表创建的目的，且词元概念界定清晰。语料库为 COCA 学术语料库，内容适合词表创建目的，学科范围和词数规模也足够大，能够有效测量分布范围和离散率。主词表明确描述了词汇收录的标准（频次比率、分布范围、离散率和学科指数）和剔除的标准，处理过同形词、专有名词、连字符的单词、语义透明的复合词、首字母缩略词、边缘词等。对最初输出的词表进行了修订。大学通用学术词表的创建使用了 AVL 词表和 AWL 词表等其他参考词表。词表创建方面明确描述了词汇收录的定量标准（频次比率、分布范围、离散率和学科指数）和主观标准，并给出了理由解释，以保证收录的词汇是真正的高频通用学术词汇，而不是通用高频词汇。大学通用学术词表与相近词表的对比包括覆盖率、重叠和不重叠的单词等内容。自我评价方面反思了词表的不足之处。词表的可

用性良好，读者可以下载电子版本的词表。总体来说，大学通用学术词表达到了高质量词表的创建要求。

6.2 覆盖率分析

检测新编大学通用学术词表的覆盖率，是为了验证该学术英语词表相较于通用英语词表更具可靠性。内容涉及两项：一是新编词表的编制方法是否可靠，即是否能够有效区分词表在各种语体中的覆盖率；二是新编词表收录的词汇是否可靠，即收录的是否都是通用学术词汇。验证步骤如下：首先分析随机方法创建的词表在各种语体中的覆盖率；其次分析大学通用学术词表在各种语体中的覆盖率，并与随机词表的覆盖率进行对比；最后分析大学通用学术词表在各学科语料库中的覆盖率。

加德纳和戴维斯（Gardner & Davies 2014）基于 COCA 创建了两个分别包含 570 个随机抽取的高频词族词表，并检测了这两个随机词表在学术、报纸、小说三种语体中的覆盖率。从均值结果看，随机词表在学术语体中的覆盖率占到 19.41%；随机词表在报纸语体中占 21.40%；随机词表在小说语体中占 20.65%（表 6.2）。这表明随机方法创建的词表收录了大量的通用词汇，因而在各种语体中的覆盖率较为相近，差异很小。也就是说，随机词表不能有效提取学术词汇，随机方法不适用于学术词表的创建。

表 6.2　随机词表在 COCA 不同语体中的覆盖率

语体	语料规模（词）	随机词表 1		随机词表 2		均值
		词数（形符）	覆盖率（%）	词数（形符）	覆盖率（%）	覆盖率（%）
学术	120 847 709	28 021 249	23.19	18 890 254	15.63	19.41
报纸	77 553 000	20 444 342	26.36	12 742 459	16.43	21.40
小说	83 369 907	23 358 359	28.02	11 064 617	13.27	20.65

表 6.3 汇报的是大学通用学术词表在 COCA 三种不同语体中的覆盖率。可以看出，大学通用学术词表在三种语体中的覆盖率各不相同。其中，大学

通用学术词表在学术语体中的覆盖率最高，占到 9.61%；在报纸语体中的覆盖率次之，占 3.34%；覆盖率最低的是小说语体，只占 1.51%。这说明大学通用学术词表收录的词汇聚焦通用学术词汇，能有效区分学术语体与其他语体。

表 6.3　大学通用学术词表在 COCA 不同语体中的覆盖率

语体	语料规模（词）	词数（形符）	覆盖率（%）
学术	120 988 348	11 624 154	9.61
报纸	122 959 393	4 102 658	3.34
小说	119 505 292	1 800 556	1.51

比较表 6.2 和表 6.3 的结果，可以发现大学通用学术词表在 COCA 三种不同语体中的覆盖率均低于随机词表的覆盖率。主要有两个原因：一是随机词表含有大量高频通用词汇，而高频通用词汇又在各种语体中的占比很高；二是大学通用学术词表只收录大学阶段要求学习和掌握的通用学术词汇，未包含专业技术词汇和通用词汇，且已剔除高中阶段要求掌握的学术词汇。

表 6.4 汇报的是大学通用学术词表分级词表（四～七级）在 COCA 学术语料库中的覆盖率。其中，四级词表词汇在语料库中出现的总频数为 2 284 348 词，在语料库总词数的覆盖率为 1.89%；五级词表词汇在语料库中出现的总频数为 6 519 579 词，覆盖率为 5.39%；六级词表词汇在语料库中出现的总频数为 2 144 009 词，覆盖率为 1.77%；七级词表词汇在语料库中出现的总频数为 676 218 词，覆盖率为 0.56%。分级词表（四～七级）词汇在 COCA 学术语料库中的累积覆盖率为 9.61%。

表 6.4　大学通用学术词表分级词表在 COCA 学术语料库中的覆盖率

词表	语料规模（词）	词数（形符）	语料库覆盖率（%）	累积覆盖率（%）
四级	120 988 348	2 284 348	1.89	1.89
五级	120 988 348	6 519 579	5.39	7.28
六级	120 988 348	2 144 009	1.77	9.05
七级	120 988 348	676 218	0.56	9.61

表 6.5 汇报的是大学通用学术词表在 COCA 学术语料库各学科中的覆盖率，可以用于解释该词表在各学科领域的适用性。可以看出，大学通用学术词表在 9 种学科中的覆盖率各不相同：商业学科覆盖率最高，为 12.22%，其次为教育（11.56%）、社科（10.98%）、医学（10.80%）、科技（10.58%）、法律（9.62%）、哲学（9.35%）、历史（9.11%），人文学科覆盖率最低，为 8.04%。与 AWL 词表相比，大学通用学术词表在各学科文本中的覆盖率较为接近，如人文（AWL 词表，9.3%；大学通用学术词表，8.04%）、商业（AWL 词表，12.0%；大学通用学术词表，12.22%）、法律（AWL 词表，9.4%；大学通用学术词表，9.62%）、科技（AWL 词表，9.1%；大学通用学术词表，10.58%）（Coxhead 2000）。

表 6.5　大学通用学术词表在 COCA 学术语料库各学科中的覆盖率

语体	语料规模（词）	词数（形符）	覆盖率（%）
商业	1 180 194	144 257	12.22
教育	15 774 869	1 823 689	11.56
社科	20 028 471	2 198 163	10.98
医学	10 809 528	1 167 033	10.80
科技	17 454 120	1 847 438	10.58
法律	12 285 693	1 181 380	9.62
哲学	7 841 453	733 078	9.35
历史	13 395 427	1 219 816	9.11
人文	16 203 015	1 303 407	8.04

6.3　大学通用学术词表与 AWL 词表、AVL 词表的对比

将大学通用学术词表与 AWL 词表和 AVL 词表进行对比，目的是考查大学通用学术词表在各学科领域的适用性是否高于其他两个词表。表 6.6 呈现的是这三个词表的基本特征的差异，主要体现在语料库规模、学科领域、选词方法、高频词的排除、专业技术词的排除、词汇排序等方面。

表 6.6　大学通用学术词表与 AWL 词表、AVL 词表的基本特征的差异

基本特征	AWL 词表	AVL 词表	大学通用学术词表
语料库规模	350 万词	1.2 亿词	1.2 亿词
学科领域	4 个学科领域（艺术、商业、法律、科学）的 28 个科目	9 个学科领域（教育、人文、历史、社科、哲学、法律、科技、医学、商业）	9 个学科领域（教育、人文、历史、社科、哲学、法律、科技、医学、商业）
选词方法	词族——词干加所有相关派生形式。共 570 个词族，含 3 111 词，每个词在语料库中必须出现 100 次及以上	词元——词干及其相关屈折形式，且为同一词性。依据剔除标准，最终收录 3 015 词	词元——词干及其相关屈折形式，且为同一词性。依据剔除标准，最终收录 2 763 词
高频词的排除	剔除 GSL 词表中最常用的词汇	剔除在学术语料中的频次低于在非学术语料中的频次 1.5 倍的词汇	剔除在学术语料中的频次低于在非学术语料中的频次 1.5 倍的词汇；剔除高中英语必修课程词汇
专业技术词的排除	分布范围：词族成员必须在四个学科领域都出现，且覆盖 15 个及以上科目，次数达到 10 次及以上	分布范围：词元必须在 7 个及以上学科领域出现，且频率达到 20%及以上。离散率达到 0.8。学科测量：词汇不能在某一学科出现的次数超过其他学科 3 倍及以上	分布范围：词元必须在 7 个及以上学科领域出现，且频率达到 20%及以上。离散率达到 0.8。学科测量：词汇不能在某一学科出现的次数超过其他学科 3 倍及以上
词汇排序	按照词族的频率排序，分为 10 个子词表，每个子词表按照字母 A～Z 排序	基于词元在 COCA 学术语料库的频率顺序从 1 排至 3015	主词表和子词表均按照词元的字母顺序排序

表 6.7 是大学通用学术词表与 AWL 词表和 AVL 词表在 COCA 学术语料库中的覆盖率。覆盖率由词表词数在语料库出现的形符数值除以语料库总词数乘以 100 而得出，然后以百分比形式呈现。大学通用学术词表的覆盖率为 9.61%，AWL 词表的覆盖率为 5.76%，AVL 词表的覆盖率为 13.75%。

表 6.7　大学通用学术词表与 AWL 词表、AVL 词表在 COCA 学术语料库中的覆盖率

词表	语料规模（词）	词表词数（形符）	覆盖率（%）
大学通用学术词表	120 988 348	11 624 154	9.61
AWL 词表	120 988 348	6 973 421	5.76
AVL 词表	120 988 348	16 633 796	13.75

AVL 词表在 COCA 学术语料库的覆盖率最高（13.75%），主要是因为该词表收录了较多基础水平的通用学术词汇：一是在创建之前未设定学习者已知的词汇，导致很多基础词汇被收录进词表；二是 AVL 词表未限定 GSL 词表（West 1953）的词汇，也导致一些基础词汇进入词表。词表含有较多基础词汇，必然在各种各类的各学科语料库中的覆盖率就会升高。大学通用学术词表是针对我国非英语专业大学生的学术英语教、学、测的教学参考型词表，要考虑词表学习者的现有英语水平，因此必须设定词汇难度和词汇水平的限制范围。这就使得大学通用学术词表在 COCA 学术语料库的覆盖率低于 AVL 词表，但仍然高于 AWL 词表。可以说，大学通用学术词表的创建具有针对性强、精准性高、量少而精的特点，有利于更高效地指导我国非英语专业大学生的学术英语教学和测评。

重叠词也是同类词表进行对比的一项重要内容，可以反映出同类词表在词汇收录方面的相同与不同。哈茨霍恩和哈特（Hartshorn & Hart 2016）对比了 AWL 词表和 AVL 词表的重叠词，发现 AVL 词表只有 31.05%的词汇与 AWL 词表重叠，部分原因是 AVL 词表中 26.87%的词汇都选自 GSL 词表（West 1953）前 2 000 个常用词汇，而 AWL 词表收录词汇的标准之一就是剔除 GSL 词表的所有词汇。可以看出，即使是同类词表，选词标准不同，收录的词汇也会出现较大的差异。

表 6.8 汇报的是大学通用学术词表与 AVL 词表的重叠词和不重叠词的分析结果。大学通用学术词表（2 763 词）与 AVL 词表（3 015 词）的重叠词数达到 2 731，覆盖 AVL 词表 90.58%的词汇，占大学通用学术词表总词数的 98.84%；不重叠词数为 32，覆盖 AVL 词表 1.06%的词汇，占大学通用学术词表总词数的 1.16%。两个词表出现高重叠率是因为大学通用学术词表的主要参考词库来自 AVL 词表，在剔除 AVL 词表中属于高中英语必修课程要求掌握的 283 个词的基础上，又从 AWL 词表补充了 32 个词，以确保收录的都是大学阶段要求掌握的通用学术词汇。鉴于大学通用学术词表与 AVL 词表的重叠率超过 90%，读者可以在 AVL 词表网址（https://www.wordandphrase.info/academic/x.asp）查阅两个词表重叠词汇的词性、词义、搭配、例句、频率、索引行等信息。

表 6.8　大学通用学术词表与 AVL 词表的重叠词和不重叠词的分析结果

词汇分类	词数（类符）	AVL 词表占比（%）	大学通用学术词表占比（%）
重叠词	2 731	90.58	98.84
不重叠词	32	1.06	1.16

大学通用学术词表与 AVL 词表的重叠词的比率明显高于 AWL 词表和 AVL 词表的重叠词的比率。这是因为大学通用学术词表是基于 AVL 词表等多个词表进行整合重组而成的，剔除了高中英语必修课程要求掌握的基础词汇，又增添了一些高频常用的通用学术词汇，因此与 AVL 词表的重叠率较高。AWL 词表和 AVL 词表是基于不同规模和学科的语料库，选词标准不一，从而导致收录的词汇只有三分之一的重复率。

6.4　分级的合理性分析

大学通用学术词表的分级的合理性分析，主要考虑三个方面：一是词性分布比例，以保证意义表达对词汇相对完整性、充分性和有效性的需要（辜向东、李志芳 2009），有助于每个学习阶段学术英语学习目标的制定。二是各级词表的词数及其在学术语料库中的覆盖率，以符合学术英语教学的实际需求。三是学术英语教学研究专家和一线教师提出的建议和意见。

大学通用学术词表包含四种词性：名词、动词、形容词、副词。根据张道真（1995）对词性的分类，这四种词性的词汇属于实义词，能够在句子中承担语法成分并传达语义，而且在总词汇中占比极大。基于此，通过分析分级词表词性分布情况（表 6.9），对大学通用学术词表分级的合理性进行考察。

表 6.9　大学通用学术词表分级词表词性分布情况　　　单位：词

词级	词性				合计
	名词（n）	动词（v）	形容词（j）	副词（r）	
四级	88 （43.56%）	59 （29.21%）	49 （24.26%）	6 （2.97%）	202

续表

词级	词性				合计
	名词（n）	动词（v）	形容词（j）	副词（r）	
五级	269 （44.32%）	107 （17.63%）	168 （27.68%）	63 （10.38%）	607
六级	357 （36.77%）	189 （19.46%）	336 （34.60%）	89 （9.17%）	971
七级	314 （31.94%）	126 （12.82%）	427 （43.44%）	116 （11.80%）	983
合计	1028 （37.21%）	481 （17.41%）	980 （35.47%）	274 （9.92%）	2763

注：①括号内的数值是占该级词表词数的比例（%）；②同一词形的词汇，若有多个词性，按词性数量计算词数。

由表 6.9 可见，各级词表收录词汇的词性分布合理。名词、动词、形容词和副词在各级词表中的比例恰当，分别是 37.21%、17.41%、35.47%、9.92%。这一结果与 AVL 词表（Gardner & Davies 2014）的词性分布情况较为一致（n=37.81%；v=18.37%；j=34.43%；r=9.39%）。这说明大学通用学术词表的分级具有较高的稳定性。

表 6.10 呈现的是大学通用学术词表分级词表的词项数及覆盖率。可以发现，七级词汇数量最多，为 983 词；六级词汇数量次之，为 971 词；然后是五级词汇，608 词；数量最少的是四级词汇，为 202 词。说明随着词汇级别的升高，词汇数量也在增多，词汇学习难度不断增大。可以说，大学通用学术词表分级词表较好地区分了各级词汇的难度。从各级词表在学术语料库的覆盖率来看，五级词汇占比最高，为 5.39%；四级词汇次之，为 1.89%；然后

表 6.10　大学通用学术词表分级词表的词项数及覆盖率

词级	词项数（类符）	COCA 学术语料库覆盖率（%）	累积覆盖率（%）
四级	202	1.89	1.89
五级	608	5.39	7.28
六级	971	1.77	9.05
七级	983	0.56	9.61

是六级词汇，为 1.77%；占比最低的是七级词汇，为 0.56%。对于非英语专业大学生而言，大学通用学术词表的四、五、六级词汇是学术词汇的学习重点，共占比 9.05%。五级词汇又是重中之重，占比 5.39%。

根据分级词表的词项数及覆盖率，可以明确大学生在各学习阶段的通用学术词汇学习目标。四级水平要求学习者开始学习并掌握较少数量的通用学术词汇（202 词），说明通用英语词汇仍是这一阶段英语学习的主要任务和目标。五级水平要求学习者学习并掌握比四级水平更多数量的通用学术词汇（608 词），但这也不是这一阶段全部的英语学习目标，通用英语词汇仍占一定比例。六级水平要求学习者学习并掌握比五级水平更多数量的通用学术词汇（971 词），较为接近全部的英语学习目标。这说明这一阶段英语学习的主要目标是通用学术词汇，但仍需补充少量的通用英语词汇，同时开始接触并学习专业学术词汇，为学术阅读和写作打好词汇基础。七级水平要求学习者学习并掌握和六级水平数量相当的通用学术词汇（983 词），同样较为接近全部的英语学习目标，但随着学习阶段的提高，学习深度随之提高，对专业学术词汇的要求也更高。因此，这一阶段的学习者需要加大专业学术词汇的学习范围和学习力度。基于以上分析，大学通用学术词表的分级具有较好的合理性。

6.5 小　　结

本书对大学通用学术词表的质量进行自评，评价内容包括词表目的、计算单位、语料库、主词表、其他词表、词表创建、自我评价、可用性等方面。评价结果表明，大学通用学术词表达到了高质量词表的创建要求。覆盖率检验结果表明，大学通用学术词表的编制方法可靠，可以保证收录的都是通用学术词汇，且能有效区分词表在各种语体中的覆盖率，较于通用英语词表更具可靠性。将大学通用学术词表与 AVL 词表和 AWL 词表进行对比，可以发现三个词表在语料库规模、学科领域、选词方法、高频词的排除、专业技术词的排除、词汇排序等方面的基本特征存在一些差异。三个词表在 COCA

学术语料库中的覆盖率也有不同，AVL 词表的覆盖率最高，主要是因为该词表收录了较多基础水平的通用学术词汇；覆盖率最低的是 AWL 词表，大学通用学术词表的覆盖率介于这两个词表之间。另外，大学通用学术词表和 AVL 词表的重叠词较多，是因为大学通用学术词表的主要参考词库来自 AVL 词表，依据剔除标准和补充标准修订了一些词，以确保收录的都是大学阶段要求掌握的通用学术词汇。

对大学通用学术词表分级的合理性分析包括三个方面：词性分布比例、各级词表的词数及其在学术语料库中的覆盖率、学术英语教学研究专家和一线教师提出的建议和意见。词性分布比例分析结果表明，各级词表收录词汇的词性分布合理，名词、动词、形容词和副词在各级词表中的比例恰当。各级词表的词数及其在学术语料库中的覆盖率结果表明，大学通用学术词表分级词表较好地区分了各级词汇的难度。结合新修订的《中国英语能力等级量表》对非英语专业大学生学术词汇能力的教学要求，大学通用学术词表分级词表对各级词汇词项的数量进行了合理的控制，能够正确反映大学各学习阶段的学术词汇学习目标。

第7章

学术词表在学术英语教学中的应用

学术词表的创建工作完成后，如何挖掘词表的应用价值就成为下一个要关注的课题。词表的应用方法、范围、领域和效果都是检验词表质量的途径。本章探索学术词表在学术英语教学领域的多种应用，包括课程设计、教材编写、学术英语的教与学等。

7.1 课 程 设 计

学术词表在课程设计方面的应用，主要涉及长期词汇学习目标和短期词汇学习目标的设定（Nation 2016）。这两个学习目标的设定均需考虑学习者的词汇水平和学习需求。

7.1.1 长期词汇学习目标的设定

课程设计的一个重要作用是设定语言学习目标。词表分析过程中收集到的数据，可以用来判断学习者在不同的语言学习阶段，需要学习哪些词汇和多少词汇。BNC/COCA 词族的文本覆盖率研究（Nation 2006）显示，高、中、低三个频率的词汇（Schmitt & Schmitt 2014；Nation 2013）应该是非本族语者的长期学习目标。近年来，相关研究发现的新变化是，传统的高频词由 2 000 个（West 1953；Nation 2001）扩展到 3 000 个，以及从低频词区分出 6 000

个中频词（Schmitt & Schmitt 2014）。高频词和中频词被认为是接受性词汇的主要学习目标，使用高频词和中频词的目的是希望学习者能用英语阅读并能在日常生活中使用英语。

创建高频词表在学界是一个热点课题，一些学者尝试整合现有的词表，另一些学者探索创建全新的词表。高频词表可能引导创建的词表规模越来越小，即收录的词汇越来越少，这样可以用来满足较短时间内的学习目标。高频词表还可能引导学者考察那些很少被研究的中频词表的容量和特征，并对中频词表提出改进方法。这是因为不同的高频词表会在很大程度上有重叠现象（80%～90%），而且语料库的差异也会导致不重叠词的产生（Nation & Hwang 1995；Sorell 2013）。如果能在语料库的结构方面进行扩展，如增加口语文本、青少年撰写的文本、为青少年撰写的文本等，高频词表会有很大的改进空间。

词表对课程设计的影响存在不确定性，这取决于课程设计者是否能够系统地考虑学习者的现有词汇知识和语言水平。多数课程设计者未能做到这一点，但还有一些教材使用了 AWL 词表，且能在词表中系统地、清晰地设定要教授的词汇（Schmitt & Schmitt 2005；Valcourt & Wells 1999）。部分原因是 AWL 词表控制了词汇长度，将大学预科精读课程的 570 个词族分解为 10 个子词表。党等（Dang et al. 2020）最新创建了相对较短的基础词表，目的就是让教师能够在课程内完成设定的词汇目标。很多词表开发者将词表分解为词数更少的子词表也是出于这个目的。

词表在课程设计中的应用需要课程设计者具备词频、词汇控制、词汇的教与学等方面的知识。它还需要课程设计者具备现有词表与特定学生群体的相关性的意识。这些知识和意识可以从国际英语教学（Teaching English to Speakers of Other Languages，TESOL）、二语习得或应用语言学的硕士课程中获得。

课程设计的词汇方面需要选择合适的词表以适应学习者的知识水平和学习需求。一旦词表被选定，课程设计者就需要确保词表里的词汇在课程中得以覆盖。更重要的是确保词表外的词汇只能占课程内词汇的最小比例。内申和麦卡利斯特（Nation & Macalister 2010）建议了两种操作方法。第一种方法是串联法，通过词表确保每个单词都出现在课程中，且有一定频率的复现。第二种方法是田野调查法，准备和组织课程材料时要确保词表外的大部分单词被排除在外，以突出目标词汇。这种田野调查法是用于分级阅读计划的一种典型方法，阅读材料是按照特定水平编写的，没有特意覆盖特定词汇。田野调查法还可以应用到课程当中，如果阅读材料是电子版的，就可以通过 AntWordProfiler 等程序来确保没有明显的词汇遗漏或夹杂。

7.1.2　短期词汇学习目标的设定

短期词汇学习目标的设定需要考虑学习者的词汇学习速率。根据内申（Nation 2016）的观点，词表的长度设为 1 000 词左右较好，因为一年期的词汇学习目标一般在 1 000 词左右，英语本族语者的词汇量每年一般增加约 1 000 个，而大多数非本族语者需要付出更多的努力才能掌握这 1 000 个词。对于有意识的词汇学习，以每天学习 5 个新单词，一周 5 天，一年 40 周来计算，总共可以学习 1 000 个单词。对于词汇的附带习得，可以通过广泛阅读来实现。内申（Nation 2014）认为如果想附带习得第三个 1 000 词，需要输入的词汇量大约是 30 万个形符（相当于 3 本小说），以平均每分钟 150 词的中等阅读速度，每天阅读 10 分钟，每周 5 天，每年 40 周，即可实现词汇的附带习得目标。一门组织较好、质量较高的英语课程，应该能够创造有意学习和附带习得两个相互促进的词汇学习机会。然而，内申（Nation 2016）指出，在具体教学实践中，收录 1 000 个单词或更多单词的词表有可能还是容量偏大，这样的词表不利于一线教师用来制定短期的词汇学习目标。对于课程设计和其他教学材料的准备来说，不到 100 个单词或者只有几百个单词的小词表更有价值。早期阶段的大多数系列分级读物都是以几百个词逐步地进阶，而且基础词表和 AWL 词表的子词表只有 50 个和 60 个词长。因此，50 词或 60 词的子词表对于特定单词的短期强化学习是比较适合的。

鉴于词表可长可短，我们可以通过两种方法来决定词表的适合长度（Nation 2016）。一种是分级阅读方案中使用的方法，即逐级增加词表的长度。这是因为随着词频的降低，需要更多的词来支撑与该系列前面的词表相同的文本覆盖率。例如，内申和王（Nation & Wang 1999）使用分级读物的数据找到了一种理想的词表长度决定方法，基于该方法，可以使每个目标级别的单词在读物总词数中只占一小部分，这样就不会给阅读活动增添额外的词汇负担。另一种方法是根据词表应该覆盖的词汇量而定，使每个词表具有相同的长度。最好是基于研究证据或特定的标准用客观理性的方法决定词表的长度，如教材的每一个单元或每一节课所需的词汇量，或者 1 000 词的固定比例（100、250 或 500），这样就很容易与 1 000 词的词表相适用。

以党等（Dang et al. 2020）的基础词表为例，他们采用了两个方法来决定该词表的词元数目节点：一个是使用两个基于词频的定量标准（100 个单词水平的词汇覆盖率曲线和文本覆盖的百分比）；另一个是比较实用的定性标准。此外，同一词元的不同词性包含在一起，不分别列出，如作为名词的 walk 包含在动词 walk 之内。在 800 词级别之上，每一个连续 100 词级别至少占文本覆盖率的 1%，且覆盖曲线开始变平。党等（Dang et al. 2020）也把 800 词看作是英语作为外语两年期的实用学习目标。

7.2 教 材 编 写

学术词汇学习目标确定后，学术词表在教学中的下一个应用就是教材编写。学术词表对教材编写的作用非常重要，主要是用于设计教材文本，为学习者提供接触和学习学术词汇的合适时机和条件。教材编写须将多个学术文本有效融合于一本教材，保证未知词汇的密度，特别是学术词汇和低频词汇密度不能太高，还要保证学术词汇重复出现的最佳频率（Coxhead 2000）。一份高质量的学术词表可以帮助编写者正确把握学术英语教材的词汇难度和生词密度。

在词表研制的理论和技术不断发展的今天，词表研制范式大致有四大类：“总体语料驱动”、“个体课文驱动”、“具体词网驱动”和“词表整合重组”。这四类词表研制范式对教材编写有较大影响，且各有所长。教材编写应根据教材的具体目标选择合适的词表研制范式。一般来说，教材编写多基于“总体语料驱动”范式的词表。AVL 词表是采用“总体语料驱动”范式研发的词表，其开发者加德纳和戴维斯（Gardner & Davies 2014）在该词表的基础上，又研发了词汇词组在线工具，目的就是为学术英语的教材编写、教师备课以及学术文本的词汇分析提供有效的帮助。

国外学术英语教材的编写多以《欧框》词表为基础，如牛津大学出版社的《牛津学术英语综合教材》（*Oxford EAP*）（de Chazal & Rodgers 2012），该教材包含 B1+、B2、C1 三册，分别适用于中等、中上等和高级英语水平的学习者。近年来，国内学术英语教材的编写蓬勃发展。例如，外语教学与研究出版社、高等教育出版社、上海外语教育出版社等都推出了一系列学术英语教材。很多高校还根据各自的办学特色，组织教师编写了专门用途英语教材。学者对国内学术英语教材的编写和出版进行了回顾与展望（丁研、蒋学清 2015；张琦 2019）。我们可以发现，尽管学术英语教材的编写数量逐年增长，但多数教材未明确编写所依据的具体学术词表。这说明学术词表对于学术英语教材编写的重要性尚未受到应有的重视。没有高质量的学术词表作为基准和参考，会导致教材编写者不能对教材出现的词汇难度和生词密度进行有效的把控，这样不利于学习者在效果和效率方面有效习得学术词汇。因此，我国亟须信效度较高的学术词表以指导国内学术英语教材的编写。

随着《中国英语能力等级量表》在我国大学英语教学中的应用，学术英语教材的编写应依据能够与《中国英语能力等级量表》对接的高质量分级学术词表，使学术英语教材更符合《中国英语能力等级量表》对各个能力等级的学术词汇学习需求。本书的大学通用学术词表分级词表，与《中国英语能力等级量表》四～七级的学术词表能力分别对接，可为我国学术英语教材的编写提供有益的参考和借鉴。

7.3 学术英语的教与学

学术英语的学习课程如果能够达到良好的平衡性，通常需要实现四种学习途径的均匀融合：从输入中学习、从输出中学习、有意学习和流利性发展

（Nation 2007；Nation 2013）。下面逐一阐述学术词表在这些学习途径中的作用。

7.3.1 词表与聚焦意义的输入学习

学习者进行听读的主要目的是理解所接收到的信息，这时候就会发生聚焦意义的输入学习。学习者要想在所有语言水平阶段聚焦语言意义，就需要知道至少大约 3 000 个词族或更多，这样就能够读懂大量的分级阅读材料，因为里面的词汇大部分都是已知词汇（Nation 2016）。对于超出学习者现有知识范围的单词，其比例相对较低，学习者可以通过上下文的语境来学习，必要时可参考词典或注释。学术词表在教学材料的选择和准备方面发挥重要的作用，对开展能够论证并提供课程计划的研究项目能起到关键作用。此类研究表明，处理大量的输入并从中学习词汇是可行的（Nation 2014），而且这些材料的词汇需要进行调整以减轻繁重的词汇负荷（Nation & DeWeerdt 2001；Nation 2009；Nation 2016）。词频分析软件，如 Range 和 AntWordProfiler，可用于帮助选择适当的教学材料，包括聚焦意义输入的目标词汇（Webb & Nation 2008）。

7.3.2 词表与聚焦意义的输出学习

高频口语单词和短语词表，如国外旅行必备词表（survival word list for foreign travel，Nation & Crabbe 1991），提供了一种快速获得口语交流能力的方法。韦斯特（West 1960，1968）认为有必要研发一个收录词汇量最少的口语词表，可以使学习者能够快速获得与本族语者进行交流的能力。他认为研发的一个方法是收录能够用来定义单词以填补产出性词汇空白的基础词汇。

以上通用英语词表的研发有效地辅助了聚焦意义的输出学习。在学术英语教学领域，学术词表的研发也可以从中得到启示。学者研发的学术口语词表，如 ASWL 词表（Dang et al. 2017），是应用语言学领域第一个聚焦学术口语的词表。该词表旨在帮助学习者掌握专业领域学术英语话语的口头表达，以便提高在课堂、讲座、研讨会、实验室、导师组会等场合的学术交流能力，从而提升学业成绩。可以说，学术词表为聚焦意义的学术英语输出学习提供了重要的词汇支持。

7.3.3　词表与聚焦语言的有意学习

有学者对利用词表进行有意的词汇学习持否定看法，认为这是一种脱离语境的刻意死记硬背。然而，如果这种方法能够正确且有效率地帮助学习者记住单词，利用词表进行有意的词汇学习就是非常有效果的方法。很多高质量的研究结果都支持这一观点（Nation 2013）。如果以“从输入中学习、从输出中学习、有意学习和流利性发展”四种学习途径为理论框架，利用词表的有意词汇学习不应超过聚焦语言的学习途径的四分之一，也就是占包括课外学习时间的整个课程时间的十六分之一或更少（Nation 2016）。

随着信息技术的快速发展，聚焦语言的有意学习不再只基于传统的词表、单词卡片或动画卡片。例如，内申（Nation 2008，2013）的书中提供了使用单词卡或电子动画进行独立的有意学习的指南。近年来，研究者开发了多种多样的词汇学习软件。以百词斩为例，这是一款深受中国学生喜欢的英语词汇学习软件，由成都超有爱科技有限公司研发。该软件的特色就是给每一个单词都配备了有趣的图片和例句，帮助学习者在背单词时建立关联记忆。利用词汇学习软件可以使学习者的词汇学习过程变得更加轻松有趣、词汇学习效果提升得更快更好。中田（Nakata 2011）的研究中提供了一套词汇学习软件的评估指南，使用效果很好。诺里斯（Norris 2019）建议学者尝试开发多模态词表，将图片、音频、视频等素材融合起来助力词汇学习。多模态词表比传统词表具有多种优势，比如可以帮助学习者在多模态素材的语境下掌握词汇的形式与意义、发音和语用规则等。未来学术词表的发展也可能会趋向多模态。

精心设计的多模态词表是使用词汇学习软件进行有效的有意词汇学习的必要资源。这样的词表需要合理地分成更小的子词表。考克斯黑德（Coxhead 2000）的 AWL 词表有子词表，每个子词表包含 60 个单词，最后一个子词表中有 30 个单词。党等（Dang et al. 2020）的 800 词基础词表的每个子词表包含 50 个单词，最后一个子词表中有 24 个单词。考克斯黑德（Coxhead 2000）和党等（Dang et al. 2020）的子词表都是使用分布范围和频次数据创建的。50 个或 60 个单词是进行有意学习比较合适的词汇数量。对于初学者来说，可能需要更少的单词。然而，内申（Nation 2016）指出，这些精心研制的词表在很多商业化或免费的词汇学习软件中没有得到很好地应用。

基于词典的词汇学习也是一种聚焦语言的有意学习。词表研究在学习者词典的编纂中同样发挥重要的作用，无论是词条选择、单词注释，还是词汇构建，高质量的词表都可以提供有益的参考。

卡罗尔等（Carroll et al. 1971）为《美国传统词典》（*American Heritage Dictionary*）编写了词表，其使用对象主要是英语本族语者。该词表的研发基于包含 500 万个形符的学校文本语料库。这样的语料库规模现在看来很小，但在当时该词表有着较大的学术价值，成为后来词表的研究范例。内申（Nation 2016）认为如果想要获得可靠的结果，需要更大的语料库规模，即包含中学学完可能知道的 15 000 或者更多的词族。直到 20 世纪 80 年代，基于计算机检索的大规模语料库研究才用于非本族语学习者词典的编写，例如《柯林斯 COBUILD 英语词典》（*Collins COBUILD English Language Dictionary*）（Sinclair 1987）。

《柯林斯 COBUILD 英语词典》是第一部带有频率标记的词典，查看频率的高低，可以知道哪些单词最为有用。该词典最初的频率标注使用钻石形状，形状里面填充的钻石越多，表明频率越高。《朗曼当代英语词典》（*The Longman Dictionary of Contemporary English*，Summers 2001）使用基尔加里夫（Kilgarriff 1997）的研究结果，标注了哪些单词在口语和书面语中位列第一个 1 000 词、哪些位列第二个 1 000 词，以此类推。这些信息被编入词典是非常有创意的，也是非常有用的举措。索雷尔（Sorell 2013）认为词表至少应该标记高频词，因为生成高达 9 000 词级别的可靠列表是可能的。内申（Nation 2016）认为应该标记中频词，使高频词和中频词分别都有 1 000 词级，这样的词表对教师和学习者更加有用。

韦斯特（West 1935）开发了一个 1 490 词的定义词表（definition vocabulary），收录了用于给其他词下定义所需的最少数量的词汇。该词表因为是用来定义词典中的单词的，所以经过了精心检验。《朗曼当代英语词典》（Summers 1978）就使用了 2 000 个定义词汇。

牛津大学出版社 2014 年出版了一部开创性的学术英语词典《牛津学术英语词典》（*Oxford Learner's Dictionary of Academic English*，Lea et al. 2014）。这部词典面向非英语本族语的学习者，以期提高读者在学术阅读和学术写作中的词汇能力。词典收录的词汇是基于对 8 500 万词的"牛津学术英语语料库"（Oxford Corpus of Academic English，OCAE）的科学分析选取而来的，都是在各学科领域和各类型学术文本中常见的学术词汇。词典具有以下特色：①每个收录的词条都提供常用词撰写的释义，以便清晰地解释词汇在学术语境中的特殊意义；②每个收录的词条都附有搭配信息，且例句来自真实的学术语料；③特设词语"辨析"栏目，以便读者学习如何充分理解和精确表达；④特设"牛津学术写作指南"栏目，提供案例研究和论文等多个文体的写作方法，帮助读者提升学术写作能力。

另外，基于书籍或计算机辅助的词汇学习也是一种聚焦语言的有意学习。如果设计合理，所学的每个单词最终都能学以致用。这是因为之前没有学会的单词都会在后面的连续学习中得以温习和循环使用。胡尔斯蒂金和劳弗（Hulstijn & Laufer 2001）指出针对词汇学习的有意学习活动有很多，但不是所有活动的学习效果都好。因此，有学者建议编写词汇学习程序的人员应该学习和了解关于投入量假设的研究成果（Nation 2013），同时也要考虑技术特征分析（technique feature analysis）（Nation & Webb 2011）。词表可以为有意的词汇学习提供经过精心研究的分级输入，同样，词表对于有意的词汇学习活动也是一种有用的输入。

7.3.4　词表与语言流利性的发展

促进语言流利性发展的本质特征是学习者在听、说、读、写四项技能中，都应使用简单和熟悉的材料，以全面提升使用语言的速度，尤其是接受性词汇和产出性词汇的运用。学习者的词汇量达到 3 000 词之前，选择学习材料需要对其词汇进行严格的控制，这样才能保证学习者不会遇到过多的生词从而抑制语言流利性的发展。像 AntWordProfiler 这样的文本改编程序使用词表来分析要改编的材料，才能实现对词汇的合理控制。因此，词表在学习者的语言流利性发展中有着不可忽视的作用。

7.4 小　　结

学术词表在学术英语教学领域的应用可以体现在课程设计、教材编写和语言的教与学等方面。课程设计方面，长期词汇学习目标和短期词汇学习目标的设定均需要考虑学习者的词汇水平和学习需求。教材编写方面，高质量的学术词表有助于编写者正确把握学术英语教材的词汇难度和生词密度。语言的教与学方面，学术词表在四种学习途径（从输入中学习、从输出中学习、有意学习、流利性发展）中均发挥重要支撑作用。总而言之，学术词表是学术英语教学的重要资源。

第8章

学术词表在学术英语测试中的应用

学术词汇的学习离不开大量的课内外练习，根据坎贝尔（Campbell 2012），学习者可以通过五个维度的练习充分掌握学术词汇的知识：多义词、词性、词族、搭配、词法。学术词汇水平的评估离不开相应能力级别的词汇测试。依据《中国英语能力等级量表》对学术词汇各级能力的要求，开发测试题也是学术词表研究的一项重要工作。本章探索学术词表在学术英语测试领域的应用，内容包括学术词汇测试开发的理论基础、五个维度的学术词汇练习、《中国英语能力等级量表》四～七级的学术词汇水平测试范例，以及一种新型的学术词汇测试形式，以便同行学者、学术英语教师和学习者参考借鉴。

8.1 学术词汇测试开发的理论基础

学术词汇的测试开发需要有一定的理论基础。本节首先介绍词汇测试的两种类型——VLT 测试和词汇量测试，其次梳理适用于指导词汇测试开发的词表特征，最后分析词表对词汇测试开发的影响。

8.1.1 两种词汇测试的类型

词表还有一个重要的应用就是词汇测试开发，包括 VLT 测试和词汇量测试两种类型。VLT 测试考查的是在不参照特定学习教材的条件下学习者具备的词汇知识。例如，VLT 测试测量学习者对语言的某种词汇频率水平的了解程度。最初的 VLT 测试（Nation 1983，1990；Schmitt et al. 2001）考查了 2 000 词、3 000 词、5 000 词、AWL 词表和 10 000 词的水平。值得注意的是，这些词汇水平级别并非彼此相邻，因为 4 000 词和 6 000～9 000 词没有得到测试。最初的词汇测试在很大程度上依赖于桑代克和洛奇(Thorndike & Lorge 1944) 的词表。近年来，学界研发了很多质量更好的词表，VLT 测试的质量也越来越高。

词汇量测试可以衡量学习者在语言学习中所知道的单词数量。使用词汇量测试可以判断出完成特定的语言任务需要学习多少单词，比如阅读复杂的文本，观看电视节目或电影。因此，词汇量测试需要使用能够代表语言词汇的样本。过去都是从词典中提取单词样本，但这种抽样方法存在不少问题，经常导致非常大的抽样误差（Nation 1993）。从词表中取样可以避免大多数问题，但要保证使用的是高质量的词表。词汇测试开发者还需要考虑词表中是否包括所有必须要测的词汇、词汇的排列顺序是否可靠等问题。

8.1.2 用于词汇测试的词表特征

从频率词表中抽样时，我们可以从每个频率级别中随机抽取一个样本，或者可以从每个频率级别中抽取每个第 *n* 个单词。使用频率水平可以确保样本中的单词能够代表相关系列的频率水平，并且不会偏向任何一个级别。研究表明，一个样本需要包含大约 30 个单词，才可能是可靠的（Beglar & Hunt 1999；Schmitt et al. 2001）。这意味着，在 VLT 测试中，如果想测量学习者对每个级别的了解程度，那么每个级别则需要包含大约 30 个词。词汇量测试关注的焦点是总分，那么整个测试也需要包含至少 30 个词项，且测试的词项越多，测试结果越可靠。

词表中收录的词汇取决于词表研究所用的语料库的大小和质量，而且进入特定的子词表或完整的词表中的词汇总是存在着一些可能的变化。基于词表的词汇测试会受到这种变化的影响，因此，我们在解释结果时需要谨慎，即使这种变化的可能性相对较小。索雷尔（Sorell 2013）发现，即使在 9 000 个词的水平上，也有可能从使用相同类型文本的不同语料库中生成词表，这些文本在 500～800 个单词（6%～9%）变化，但前提是使用了约 2 000 万个形符的足够大的语料库。

内申（Nation 2016）认为应用于词汇测试的词表使用的计数单位必须与被测知识的种类相匹配，此外，测试开发者必须考虑参加测试的学习者的词汇水平。木津木和爱泽（Mochizuki & Aizawa 2000）发现了词缀知识与词汇量之间的关系，说明词汇水平与学习者所能掌握的形态知识水平密切相关。然而，学界对于外语学习者形态知识的发展的研究数量较少。相关研究主要针对词缀的产出性控制（Schmitt & Meara 1997; Schmitt & Zimmerman 2002），也有个别接受性控制研究（Mochizuki & Aizawa 2000）。

8.1.3 词表对词汇测试的影响

词表的可用性在很大程度上会影响词汇测试的开发。BNC/COCA 词表已被用于开发词汇量测试（如 Nation & Beglar 2007；Coxhead et al. 2014）和 VLT 测试（如 McLean & Kramer 2015；McLean et al. 2015）。AWL 词表被用于测试开发（如 Schmitt et al. 2001；McLean & Kramer 2015）；AVL 词表也被用于测试开发（如 Pecorari et al. 2019）。区分词汇量测试和 VLT 测试非常重要。词汇量测试试图考查包括学习者正常词汇以外的总词汇量。VLT 测试侧重于特定的频率级别，并为测试中的每个频率级别提供可靠的结果。制定教学计划和分配学习者进行分级阅读时，VLT 测试在较大程度上能够提供更有用的结果，因为其侧重于需要知道的实际词汇。

对具有特定语言背景的学习者进行词汇测试，试题开发者从词表中抽取单词时需要注意一个问题，即确保同源词或外来词在词表中正确呈现。在测试中，同源词或外来词比与第二语言学习者的第一语言没有联系的词更容易得到正确答案（Elgort 2013）。在理想情况下，从词表中随机抽取单词样本应该考虑外来词的比例。然而，单词借用的速度非常之快，一种特定语言中有多少词汇是借自英语的外来词，几乎得不到可靠的数据。但目前至少要在测试中说明样本中有多少词对同一语言背景特定使用者来说是外来词，还要说明这些词汇与非外来词相比有多少是已知词汇。

研制词汇测试用的词表，还需要注意词族数量的问题。广义的词族的定义会低估已知单词的数量，并高估特定词族的知识，如鲍尔和内申（Bauer & Nation 1993）的 6 级或更高水平的词族。词族的水平过低会高估已知词族的数量。现有的测试，如使用 6 级词族的词汇量测试，可能对英语本族语成人学习者来说内容不够全面（Brysbaert et al. 2016）；对于英语水平较低的外语学习者来说，测试内容又太宽泛（Schmitt & Zimmerman 2002；Schmitt & Meara 1997；Mochizuki & Aizawa 2000；Ward & Chuenjundaeng 2009；Brown 2013；Webb & Sasao 2013）。

8.2 学术词汇的练习

学术文本中出现的学术词汇有自身的使用特征，比如词汇的多重意义、词汇的词性知识、词族与其成员的关系、词汇的搭配知识以及词汇的语法意义等都需要厘清，学习者才能有效掌握学术词汇。下面介绍多义词、词性、词族、搭配、词法等五个维度的词汇练习。

8.2.1 多义词

很多学习者都习惯使用词典查找生词的词义，但经常出现的问题是，一些词有多重意义，如果不考虑语境直接选择词典上的第一个词义，很可能找到的是错误的词义，进而导致误解整句的意思。还有一些多义词，词义随词性的不同而变化。例如，单词 mean 可以是名词、动词或形容词，但每种词性都有不同的词义（表 8.1）。针对多义词，我们可以通过辨析语境和判断词性来选择正确的词义。

表 8.1 单词 mean 的词性与词义

词性	词义
mean(n)	▶an average
mean(v)	▶to have a particular meaning
mean(j)	▶unwilling to spend money

注：mean 一词为大学通用学术词表五级词汇。

练习一：基于语境选择词义。

答题说明：句子里的粗体词有三个词义，请基于语境选择正确的词义。

[1] The **terms** of the contract must be acceptable to both sides.
  a) a word or expression used to refer to something
  b) the conditions of an agreement
  c) one of the periods of time that the school or university year is divided into

[2] There is a strong **case** for increasing tax on luxury items.
  a) an example of something happening
  b) a set of reasons why something should happen or be done
  c) a legal matter that will be dealt with in court

答案：[1] b [2] b

练习二：判断词性选择词义。

答题说明：判断句子里的粗体词是名词、动词还是形容词。

[1] The article **addresses** the issue of over-fishing in the North Sea.
  a) noun: where someone lives
  b) verb: to begin trying to solve a problem

[2] Technicalities **matter**, however, and Mr. Obama's proposals do not live up to their billing.
  a) noun: a subject or situation that you must consider or deal with
  b) verb: to be important or have an important effect on sb/sth

答案：[1] b [2] b

8.2.2 词性

通过词性练习，学习者可以掌握从语境中识别名词、动词、形容词和副词等四种主要的词性，同时扩大词汇量，提升句子层面的阅读理解技能。

练习：识别句子中粗体词的词性。

[1] Easy access to the airport is regarded as **essential** by most business clients. (_____)

[2] Many companies have entered into **joint** venture agreements with Eastern European companies. (_____)

[3] The hotel is situated in an **ideal** location, which is convenient both for the airport and the nearby business center. (_____)

答案：[1] noun [2] adjective [3] adjective

8.2.3 词族

通过词族练习，学习者不仅可以掌握词族的不同成员从而构建词汇，还能够学习构词法中常用的前缀知识和后缀知识。

练习一：写出符合词义的前缀。

举例：again, back	re
a）between	______
b）two, twice	______
c）after, later	______
d）one, singular	______
e）extremely small	______
f）exactly half, not complete	______
g）connected with (the) earth	______
h）against, opposed to	______
i）connected with heat	______
j）under, a less important person or thing	______

答案：a) inter　b) bi　c) post　d) mono　e) micro
　　　f) semi　g) geo　h) anti　i) thermo　j) sub

练习二：根据括号里提示的词族，填写合适的词族成员完成句子。

[1] Most people believe that high fuel prices are _________ damaging. (economy)

[2] In the manager's _________the assistant manager will be in charge of the company. (absent)

答案：[1] economic　[2] absence

8.2.4 词法

词法（word grammar）是一种语言学理论，最早由英国语言学家赫德森（Hudson 1984）提出。词法也是一种依存语法，它通过识别词汇之间的上下关系和从属关系来构建句子。词法认为语言是一个知识网络，如果想理解某一个概念，需要先理解其他几个概念。

词法练习有助于学习者掌握关键词汇相互组合的方式，以及这些关键词汇与句子其他成分连接的方式。我们学习词法，可以从总体上了解不同词性的使用方法；使用单个词时，会发现并非所有相同的词性都有相同的使用方法。词汇相互组合的方式和与句子其他成分连接的方式各不相同。表 8.2 呈现的是词法的不同连接方式。

表 8.2 词法的不同连接方式

连接方式	举例
名词组合	a free migrant's passage
名词+名词性同位语从句	It is my belief that we will find a solution to this problem.
其他名词结构	prepositions（连接名词或动名词）; "that+clause"; "to+infinitive"; "wh-word+clause" or preposition+"wh-word+clause"

续表

连接方式	举例
名词+名词	achievement levels
形容词+that clause	It seems likely that supplies of natural gas will run out in the near future.
动词+	noun phrase preposition+noun phrase (that)+clause wh-word+clause
及物动词和不及物动词	spur fresh analysis（及物动词）；appear（不及物动词）
动词+"that+clause"	But some researchers have discovered that the chemicals in certain products actually increase nicotine dependence rather than reducing it.
动词+"wh-word"	It is sometimes difficult to decide whether to invest money or save it.

练习：按照要求分别写出单词。

[1] Write three verbs that can be followed by *that.*

__________ __________ __________

[2] Write three nouns that can be followed by *that.*

__________ __________ __________

[3] Write three adjectives that can be followed by *that.*

__________ __________ __________

[4] Write three verbs that can be followed by "*wh*-words".

__________ __________ __________

[5] Write three adjectives that can be followed by "*to*+infinitive".

__________ __________ __________

答案：[1] show, argue, suggest [2] evidence, suggestion, answer
[3] clear, possible, likely [4] explain, ask, discover
[5] customary, common, useful

8.2.5 搭配

通过搭配练习，学习者可以了解不同词性的英语词汇的组合方式，同时能学习到很多有用的搭配。表 8.3 是不同词性的英语词汇的搭配方式。

表 8.3　不同词性的英语词汇的搭配方式

搭配方式	举例
动词+介词+名词	comply with standards
动词+名词+介词	see a connection with
形容词+名词	dramatic increase
副词+动词	significantly reduce
副词+形容词	extremely difficult

练习：使用搭配知识完成句子。

[1] There is little or no scientific ______ to **support** this **theory**. (noun)

[2] Changes in energy policy will **have** a **huge** ______ on the environment. (noun)

[3] The government is ______the relief **effort** as numerous aid agencies arrive in the affected area. (verb)

[4] The findings **confirmed** the ______ that smokers are at greater risk of heart attack. (noun)

[5] The local economy **expanded** ______ during the 1980s and 1990s but is currently in a period of crisis. (adverb)

答案：[1] evidence　[2] impact/effect　[3] coordinating/monitoring
[4] hypothesis/theory　[5] rapidly

8.3　与《中国英语能力等级量表》对接的学术词汇测试

本节依据《中国英语能力等级量表》对学术词汇各级能力的要求，参照相关学术词汇能力测试，尝试编制学术词汇水平测试题①，用于考查学习者

① 8.3 节的各级学术词汇水平测试题项由笔者汇编而成，来源包括已有试题和自编试题。

对大学通用学术词表收录词汇的掌握情况。以下是《中国英语能力等级量表》四～七级学术词汇能力测试。每个能力级别包含 30 个单选题，要求选择与给出词义相对应的词汇，或选出与句中粗体词相对应的释义。

8.3.1 四级学术词汇水平测试

[1] rich in significance or implication

a) legal　b) evident　c) significant

[2] be beset by

a) persist　b) incline　c) encounter

[3] moral soundness

a) levy　b) integrity　c) colleague

[4] the organization of information according to preset specifications

a) format　b) insight　c) behalf

[5] the formation of a mental image of something

a) portion　b) sphere　c) vision

[6] discover or determine the existence, presence, or fact of

a) detect　b) terminate　c) appreciate

[7] be composed of

a) submit　b) convert　c) comprise

[8] free from ambiguity

a) adjacent　b) enormous　c) straightforward

[9] widely circulated or diffused

a) virtual　b) intense　c) widespread

[10] any state known through the senses rather than by reasoning

a) couple　b) paradigm　c) phenomenon

[11] obvious to the eye

a) sole　b) visible　c) voluntary

[12] similar in every detail

a) visible　　b) identical　　c) chemical

[13] convert (one form of energy) to another

a) edit　　b) incorporate　　c) transform

[14] the smallest or lowest amount that is possible, required or recorded

a) tape　　b) bond　　c) minimum

[15] attribute or give

a) allocate　　b) recover　　c) assign

[16] that you can use or obtain

a) available　　b) crucial　　c) distinct

[17] recognize or show the difference between two people or things

a) evaluate　　b) compose　　c) distinguish

[18] make sth develop or become more active, especially in a positive way

a) sustain　　b) stimulate　　c) predict

[19] (of a part or structure) in the first or early stage of development

a) primitive　　b) visual　　c) multiple

[20] chosen so that all possible choices have an equal chance of being considered

a) conventional　　b) random　　c) fundamental

[21] explain the meaning of sth

a) consist　　b) interpret　　c) emerge

[22] make an action or a process possible or easier

a) enhance　　b) facilitate　　c) calculate

[23] a group of people or things with particular features in common

a) discrimination　　b) frontier　　c) category

[24] control or have a lot of influence over sth/sb

a) dominate　　b) employ　　c) obtain

[25] that can develop into sth or be developed in the future

a) vital　　b) potential　　c) respective

[26] happening or existing before sth else or before a particular time

a) prior　b) identical　c) logical

[27] This is one **phase** of the new system.

a) list of things in a special order

b) short part of a process

c) range of levels

d) rule that controls what something is

[28] Each **component** is very important.

a) set of ideas which support something

b) flat part that sits on top of another

c) small part of something bigger

d) the person you work with

[29] The **mode** of production has changed.

a) type　b) speed

c) attitude　d) amount

[30] Who **conceived** the idea?

a) told it to others　b) explained it

c) thought of it first　d) said it was bad

答案：

[1] c	[2] c	[3] b	[4] a	[5] c	[6] a	[7] c	[8] c	[9] c	[10] c
[11] b	[12] b	[13] c	[14] c	[15] c	[16] a	[17] c	[18] b	[19] a	[20] b
[21] b	[22] b	[23] c	[24] a	[25] b	[26] a	[27] b	[28] c	[29] a	[30] c

8.3.2　五级学术词汇水平测试

[1] an associate that one works with

a) levy　b) integrity　c) colleague

[2] not easily explained

a) odd　b) adjacent　c) intrinsic

[3] deprive of freedom; take into confinement

a) accommodate　　b) confine　　c) intermediate

[4] the overthrow of a government by those who are governed

a) medium　　b) analogy　　c) revolution

[5] existing as an essential constituent or characteristic

a) mature　　b) converse　　c) integral

[6] the stock of basic facilities and capital equipment needed for a country or area

a) drama　　b) infrastructure　　c) deviate

[7] make stronger

a) conform　　b) restore　　c) reinforce

[8] be persistent, refuse to stop

a) depress　　b) persist　　c) compile

[9] request earnestly (something from somebody); ask for aid or protection

a) assemble　　b) invoke　　c) compile

[10] currently happening

a) ongoing　　b) odd　　c) straightforward

[11] available when required or as promised

a) odd　　b) forthcoming　　c) adjacent

[12] an outline or synopsis of a play

a) vision　　b) scenario　　c) duration

[13] concerning each of two or more persons or things

a) mature　　b) medium　　c) mutual

[14] attenuate or reduce in vigor, strength, or validity by polishing or purifying

a) attain　　b) refine　　c) format

[15] bring into existence

a) amend　　b) substitute　　c) generate

[16] add to the very end

a) relax　　b) supplement　　c) found

[17] He **accumulated** many friends.

a) understood the value b) got more and more
c) said good things about d) became the same ass

[18] You have a good **perspective**.
a) events that happen again and again
b) way of seeing things
c) group of people you know
d) how other people see you

[19] This **hierarchy** is very common.
a) set of ideas a group has
b) group with people at different levels
c) dangerous material
d) popular way of dressing

[20] How will the club **retain** its members?
a) mix them together b) help them develop
c) help them work together d) keep them

[21] That is our **priority**.
a) deal between two people
b) most important thing
c) something that has been printed
d) person who comes next

[22] Her decision was **arbitrary**.
a) not chosen for a reason b) necessary for success
c) not able to be changed d) good enough for a purpose

[23] The feeling was **mutual**.
a) kept under control b) easy to understand
c) the same between two people d) fully developed

[24] Is there an **alternative**?
a) another choice b) thing to do
c) something to say d) activity with many people

[25] That is my **colleague**.

a) something that people talk about

b) plan of things to do

c) person you work with

d) piece of writing

[26] It's **static** at the moment.

a) not popular　　b) demanded by law

c) often said　　d) not moving or changing

[27] It has **diminished**.

a) become dark　　b) become less in size

c) become cloudy　　d) grown colder

[28] Don't **exert** yourself.

a) praise too much

b) hurt yourself

c) work too hard

d) give yourself everything you want

[29] It **originated** here.

a) grew very well　　b) changed shape

c) remained　　d) first started

[30] They made a new **compound**.

a) agreement between two people

b) thing made of two or more parts

c) group that works together

d) guess based on past experience

答案：

[1] c	[2] a	[3] b	[4] c	[5] c	[6] b	[7] c	[8] b	[9] b	[10] a
[11] b	[12] b	[13] c	[14] b	[15] c	[16] b	[17] b	[18] b	[19] b	[20] b
[21] b	[22] a	[23] c	[24] a	[25] c	[26] d	[27] b	[28] c	[29] d	[30] b

8.3.3 六级学术词汇水平测试

[1] situated within or belonging solely to the organ or body part on which it acts

a) intrinsic b) forthcoming c) so-called

[2] (of a clause) unable to stand alone syntactically as a complete sentence

a) coherent b) passive c) subordinate

[3] twist and press out of shape

a) distort b) commence c) unify

[4] take the place of or have precedence over

a) tense b) accompany c) displace

[5] behaving in a very good and moral way

a) seminal b) tangible c) virtuous

[6] that exists or is very common at a particular time or in a particular place

a) prevalent b) persistent c) recreational

[7] a good reason why sth exists or is done

a) offspring b) justification c) monograph

[8] how possible or likely sth is to be achieved

a) inference b) instability c) feasibility

[9] the natural qualities of a person's character

a) disposition b) equilibrium c) exploitation

[10] not having enough of sth, especially sth that is essential

a) attitudinal b) deficient c) enlightened

[11] interesting and unusual enough to attract attention

a) transformative b) trajectory c) striking

[12] made for the present time

a) pertinent b) provisional c) latent

[13] the unfair difference between groups of people in society

a) inequality b) inheritance c) disintegration

[14] consisting of many different kinds of people or things

a) geometric　　b) embedded　　c) heterogeneous

[15] be a typical example of sth

a) engender　　b) endow　　c) exemplify

[16] the fact of being equal or equivalent in value, amount, meaning or importance

a) subsequence　　b) concealment　　c) equivalence

[17] including everything possible; very thorough or complete

a) exhaustive　　b) expansive　　c) multifaceted

[18] the process of becoming mature or adult

a) emergency　　b) maturation　　c) nutrition

[19] solving problems in a practical and sensible way rather than by having fixed ideas or theories

a) elegantly　　b) pragmatically　　c) realistically

[20] the state of not being necessary or useful

a) inflation　　b) efficacy　　c) redundancy

[21] divide sth into smaller parts

a) devalue　　b) subdivide　　c) reformulate

[22] a word or expression that has the same or nearly the same meaning as another in the same language

a) symmetry　　b) commission　　c) synonym

[23] provided in addition to sth else in order to improve or complete it

a) supplementary　　b) supervision　　c) fitness

[24] being unimportant to or disconnected with a situation

a) isolation　　b) irrelevance　　c) emergence

[25] showing a clear understanding of sth

a) inspiring　　b) insightful　　c) inflexible

[26] The image is **distorted**.

a) having more than one meaning

b) exactly the same as something else

c) has a badly changed shape

d) from recent times

[27] We must **institute** new changes.

a) get with effort b) control with laws

c) begin or create d) search for

[28] The animals began to **migrate**.

a) work together

b) move together to a different place

c) come together as a group

d) change together

[29] The government should **compensate** the farmers.

a) give something good to balance something bad

b) stop them from joining a group

c) find where they are

d) bring them together

[30] We found a good **remedy**.

a) way to fix a problem b) place to eat in public

c) way to prepare food d) rule about numbers

答案：

[1] a	[2] c	[3] a	[4] c	[5] c	[6] a	[7] b	[8] c	[9] a	[10] b
[11] c	[12] b	[13] a	[14] c	[15] c	[16] c	[17] a	[18] b	[19] b	[20] c
[21] b	[22] c	[23] a	[24] b	[25] b	[26] c	[27] c	[28] b	[29] a	[30] a

8.3.4 七级学术词汇水平测试

[1] add to the very end

a) accompany b) append c) theme

[2] having or showing knowledge and skill and aptitude

a) brief　　b) expert　　c) neutral

[3] exactly as spoken or written; word for word

a) verbatim　　b) apolitical　　c) cyclical

[4] making sth happen faster or earlier

a) empowering　　b) yielding　　c) accelerating

[5] existing or happening at the same time

a) energetically　　b) concurrently　　c) infrequently

[6] put right sth that is wrong

a) rectify　　b) impel　　c) reduce

[7] put or store a document or other material in an archive

a) impute　　b) forego　　c) archive

[8] mold again

a) recur　　b) recast　　c) reformulate

[9] connected with or measuring the amount or number of sth rather than its quality

a) quantitatively　　b) qualitatively　　c) quantifiable

[10] the situation of being greater in number or amount than other things or people

a) sufficiency　　b) flourishing　　c) predominance

[11] almost correct or accurate, but not completely so

a) judicious　　b) approximate　　c) concentric

[12] giving only the information that is necessary and important, using few words

a) concise　　b) cursory　　c) precise

[13] making sth as large or as great as possible

a) outgrowth　　b) obsolescence　　c) maximization

[14] that exists but that is difficult to describe, understand or measure

a) derivative　　b) ritualized　　c) intangible

[15] repeated; being the same in every detail

a) equivocal　　b) duplicate　　c) similar

[16] an increase or addition, especially one of a series

a) misperception b) dispensation c) increment

[17] introduce new things, ideas or ways of doing sth

a) innovate b) obviate c) repress

[18] usual or typical of sb/sth

a) requisite b) habitual c) inverse

[19] the process by which mental and physical characteristics are passed

a) expediency b) derivation c) heredity

[20] consisting of things or people that are all the same or all of the same type

a) homogenous b) possessive c) permeable

[21] connected with the way that things are shared between people

a) contrastive b) attributive c) distributive

[22] coming closer together

a) convincing b) convergent c) divergent

[23] find the meaning of sth, especially by changing a code of letters, symbols or signals into ordinary language

a) subdivide b) discord c) decode

[24] an idea that you think is true although you may not be able to prove it

a) supposition b) universality c) parenthesis

[25] helping to explain sth or show it more clearly

a) illiterate b) declarative c) illustrative

[26] I have a **query**.

a) headache b) large amount of money

c) question d) good idea

[27] **Heuristic** teaching encourages you to learn more.

a) depending on sth that may or may not happen

b) showing thoughts and feelings

c) using particular facts and examples

d) serving as an aid to learning, discovery, or problem-solving

[28] The services are **sponsored** by philanthropic organizations.

a) split into several parts

b) assumed sponsorship of

c) limited to one particular person, group or area

d) believed or trusted

[29] Examples in this dictionary are in **italics**.

a) printed a letter of the alphabet as a capital

b) given attention to

c) printed letters that lean to the right

d) given useful information

[30] **Opacity** of the eye lens can be induced.

a) the quality of sth that allows you to see through

b) the fact of existing, but not very obvious

c) the fact of being difficult to see through

d) the quality of being able to stretch and return

答案：

[1] b	[2] b	[3] a	[4] c	[5] b	[6] a	[7] c	[8] b	[9] a	[10] c
[11] b	[12] a	[13] c	[14] c	[15] b	[16] c	[17] a	[18] b	[19] c	[20] a
[21] c	[22] b	[23] c	[24] a	[25] c	[26] c	[27] d	[28] b	[29] c	[30] c

8.4　基于学术词表的新型学术词汇测试开发

本节评介佩科拉里等（Pecorari et al. 2019）的一项基于学术词表的新型AVT测试开发研究，内容包括测试开发的研究背景、测试开发的研究过程、测试开发的研究结果、测试开发的研究评价。

8.4.1 AVT 测试开发的研究背景

词汇在语言教学中处于中心地位，对二语学习者或外语学习者进行英语词汇知识测试，是学校、教师和学者了解和评估词汇学习效果的重要途径（Nation 2001；Read 2000，2007；Schmitt et al. 2001）。测试的目标是通用词汇知识时，学界可以使用的具有信效度的测试资源有很多（Beglar & Nation 2014）。然而，针对学术词汇知识，合适的且效度高的测试资源却很难找到。林和莫里森（Lin & Morrison 2010：257）也曾指出："学术词汇没有一个公认的标准测试。"

学界广泛采用的通用词汇水平测试，内容涉及一些学术词汇。在创建和验证 VLT 测试的两种新形式时，施米特等（Schmitt et al. 2001）对学术词汇表进行了一些改进，将学术词汇的条目数量从 18 项增加到 30 项，并将过时的 UWL 词表(Xue & Nation 1984)替换为当时最新发布的 AWL 词表(Coxhead 2000)。

尽管 VLT 测试包含学术词汇部分，但在学术词汇的测试方面存在一些局限。首先，测量的学术词汇数量相对较少（30 个）。其次，学术词汇知识的测量与通用词汇的测试融合在一起（默认位置是在 3 000～5 000 词水平），导致无法单独有效测量学术词汇。最后，VLT 测试的学术词汇部分是基于 AWL 词表（Coxhead 2000）开发的。AWL 词表一直是被引用最多的英语学术词汇来源，为学术英语和专门用途英语的教学领域做出了重要贡献。然而，词表研发技术不断升级，AWL 词表受到了不少批评（Durrant 2014，2016；Gardner & Davies 2014）。随着新词表的出现，学术词汇的测试方法也应随之发展。

加德纳和戴维斯（Gardner & Davies 2014：21）研发了 AVL 词表，他们认为这是"当今最新、最准确、最全面的核心学术词表"。学者表示 AVL 词表能够指出学生需要掌握哪些接受性学术词汇，从而帮助他们读懂学术文本（Durrant 2016；Malmstrom et al. 2018）。AVL 词表与其他词表相比，有一个显著的优势就是基于 COCA 的共现频率，用意义清晰的术语对"学术词汇"的结构进行了定义。加德纳和戴维斯（Gardner & Davies 2014）使用的选词标准包含频次比率、分布范围、离散率和学科指数四个方面，以保证收录的词汇是真正的高频通用学术词汇。该词表一经发布，便受到了广泛的关注和应用。基于以上原因，佩科拉里等（Pecorari et al. 2019）采用 AVL 词表作为学术词汇来源，研发了新型的 AVT 测试。

8.4.2　AVT 测试开发的研究过程

佩科拉里等（Pecorari et al. 2019）以瑞典大学生为研究对象，调查了他们的学术英语能力发展，在此基础上研发了 AVT 测试。该研究调查了语言能力和发展的多个方面，学术词汇是其中的一个方面。AVT 测试的研发过程，深受施米特等（Schmitt et al. 2001）研发的两种形式的 VLT 测试的启发，主要包括测试的形式和目标题项的选择、测试的效度验证以及测试的两种形式之间的对等关系建立。

8.4.2.1　测试形式

在研发 AVT 测试的过程中，充分考虑了该测试在教学中的实际应用性，并且使用了 VLT 测试的形式（表 8.4）。这种形式测量的是接受性词汇知识（形式—意义），而不是产出性词汇知识，或者说测量的是词汇的宽度知识而不是深度知识（Anderson & Freebody 1979）。这种形式的缺点是词汇项目不是独立的（McLean & Kramer 2015），导致受试可以猜测词义，而且如果答对任何一个单词（无论是基于知识还是猜测），都会增加成功猜测同组测试的其他两个单词的可能性（Stewart & White 2011）。

表 8.4　VLT 测试的形式

[11]	____ a good fit between things, ideas, etc. ____ an event when something breaks out fromunder a surface ____ bringing somebody new into a group	a. coherence b. directory c. eruption d. induction e. template f. tenet

除了上面提到的缺点，VLT 测试的形式还有很多优点。首先，可以明确地将答案分为正确或不正确，避免了词汇深度和/或产出性词汇知识的主观性判断，如词汇知识量表（Vocabulary Knowledge Scale，VKS，Paribakht & Wesche 1993）。其次，同组中一个单词的答案也会分散对其他单词的注意力，这样就减少了阅读时间，让考生能够相对快速地回答问题。最后，这种形式很容易理解，无须详细说明（Schmitt et al. 2001；Webb & Sasao 2013）。这三个优点保证了在时间有限的情况下可以很容易地使用 AVT 测试，同时有助于在多个测试工具之间建立对等关系，成为测量词汇量的通用工具。

8.4.2.2 题目选择

VLT 测试中每组的单词之间是相互关联的，这就要求每组中所有单词在频率和词类上是同质的，而在意义上是明显不同的。AVL 词表的 3 015 个词元（Gardner & Davies 2014）在频率上有很大差异：最常见的词 study（n.）在 COCA 学术语料库中出现了 137 000 次以上，而最不常见的词 relevancy 只出现了 111 次。为了确保高频词和低频词的代表性，AVL 词表是按频率排序并分成多个部分，每个部分有 100 个单词，目标词从整个词表中取样。每组的目标词和干扰词都是从同一部分中的 100 个词中选出来的，而且都属于同一个词性。大多数分组测试的都是名词和动词，较少测试形容词。

AVT 测试中每组测试的单词是通过随机抽样从每一个部分的 100 个单词和词类中选取，然后根据四个原则剔除不合适的单词。第一个原则是剔除形态上与 AVL 词表不相同的词。这样的词之所以存在，是因为 AVL 词表是基于词元而不是词族呈现的，这使得一个词元有可能符合收录词表的标准［例如 study（n.）］，而来自同一个词族的另一个相同的词元［例如 study（v.）］则不符合标准。第二个原则是要避免形态透明。AVL 词表中许多单词本身并不常见，但属于一个非常常见的词族。例如，dissatisfied 出现在 AVL 词表，但 satisfied 没有出现。学界有个相当安全的假设，即大多数知道 satisfied 的人都能理解 dissatisfied。为了尽量减少通过猜测正确回答问题的可能性，这些词也被剔除在外。以上两个原则的目的相同，都是为了降低猜测正确答案的可能性。第三个原则是每组测试的词汇要有区分度。一组词中有两个意思相似的词可能会导致歧义。因此，有必要防止意义密切相关或意义相似的单词出现在同一组中。第四个原则是考虑单词定义的清晰性。有些单词很难用简单的术语明确定义。含糊不清的定义会增加答题的难度；过长的定义也会增加测试形式的发展度和接受性。因此，要剔除那些缺少清晰的近义词或简洁的定义能力的单词。

8.4.2.3　定义编写

下一步是为目标词编写定义，即答案。如果目标词有一个明显而且合适的近义词，就使用这个近义词作为定义。在没有近义词的情况下，可以使用反义词，前面加上 not。如果没有合适的近义词或反义词，则可以编写一个简短的定义。然后对照《牛津学术英语词典》（*Oxford Learner's Dictionary of Academic English*，Lea et al. 2014）对定义进行检查，以确定编写的定义没有基本错误。在编写定义时，要遵循定义词汇的原则，即用于定义的单词应至少与被定义的单词一样常见（Webb et al. 2017）。最后，在多义词的情况下，不太常见的意义应避免，而采用更常见的主要意义。左边的单词列表和右边的近义词、反义词或定义列表都应按字母顺序进行排列。

8.4.2.4　题目数量

如果其他所有的条件都相同，测试更多的题目可以更好地测量受试的学术词汇知识。然而，太多的题目也会导致受试的疲倦，会使测试在某些情况下无法继续。因此，需要平衡题目的数量。实验得出的结论是，19 组（57 个目标词）是一个比较实际的数量，因为在 AVT 先导测试中，几乎所有的受试都能在 15～20 分钟完成这些题项。

8.4.2.5　先导测试

先导测试共进行了四轮，四批不同背景的受试参与了 AVT 测试。所有受试均来自瑞典高校，第一批受试为英语本族语大学生；其余三批受试是英语为第二外语的大学生。这些受试对测试中遇到的各种问题和困难给予了反馈，为改进测试的形式与内容提供了重要参考。最后一批受试规模最大，共

455 人，且测试了两种形式的试卷。研究者基于测试结果，还使用了 TAP 程序对整个测试进行了信度检验。

8.4.2.6 效度验证

除了检测 AVT 测试的信度，研究还通过访谈数据验证了效度。访谈有两个目的：一是作为表面效度的测量指标，来揭示受访者是否感知到他们的成功作答是因为知道那个单词；二是揭示正确答案在多大程度上是来自词汇知识而不是根据猜测。按照施米特等（Schmitt et al. 2001）的做法，访谈使用刺激性回忆方法（stimulated-recall procedure），即有声思维方法（think-aloud protocol）。在访谈过程中，受访者被要求用他们在测试中采用的相同方法回答两组新的词汇问题，并在回答时说出思考的过程。

8.4.3 AVT 测试开发的研究结果

数据分析结果包含五个方面：测试项目的分析、按频率划分的测试项目概况、测试的信度、基于访谈的表面效度、两种测试形式的等效性。

关于测试项目的分析的结果，便利指数（index of facility）的均值在 0.73（形式一）或 0.72（形式二），说明 AVT 测试对不同的受试或是不太同质的受试有较强的适用性。区分度指标的均值在 0.43（形式一）或 0.46（形式二），表明 AVT 测试可以区分词汇知识强和词汇知识弱的受试。

对按频率划分的测试项目概况分析的结果表明，测试能够反映 AVL 词表中的学术词汇。目标词汇频率与正确答案比例的关系分析表明，频率是学习者获得学术词汇的一个重要预测因素，这一发现完全在意料之中，因为接触单词对词汇学习是非常必要的。AVT 测试的两种形式之间的相关性数值很大，说明试卷具有较高的信度（Fulcher & Davidson 2007）。

基于访谈的表面效度的数据表明，受访者使用了一系列答题策略，包括利用母语或其他语言的可能同源词或词源知识来猜测词义。受访者通常会缓慢而仔细地进行推理，以便回忆起已知但不太熟悉的单词的含义。另外，访谈的环境可能会使他们更容易回忆起这些单词的含义，但在测试中进行思考的程度更低。

两种测试形式的等效性分析表明，形式一和形式二在难度上大致相等，两种形式的结果高度相关（r=0.87），具有对等关系。

8.4.4　AVT 测试开发的研究评价

8.4.4.1　研究贡献

鉴于学界长期缺乏高质量的学术词汇知识测量工具，AVT 测试的开发确实填补了学术英语教学领域的研究空白。评估词汇知识与评估语言其他知识存在本质区别。研究发现两种形式的 AVT 测试在群体水平上表现相同，但在个体水平上却不相同。这证实了米尔顿（Milton 2009）的观察结果，即达到临界值的学习者不一定百分之百地掌握了这个水平的词汇。这揭示了测试词汇的一个特殊方面，而不是语言知识的其他方面。词汇测试评估大量互不关联的显性知识；句法测试评估适用于一系列原则的内在知识；阅读测试评估可转移的技能等。测试的词汇频率越高，测试的可靠性也越高，这是因为高频词汇出现在更广泛的上下文中，更像是语法知识或语言技能。这就自然地限制了任何词汇测试的结果都可作为语言学习的一个指标的可信度。

8.4.4.2　教学启示

尽管 AVT 测试的开发和验证是基于特定目的、针对特定群体的，但开发者相信该测试具有推广性，在其他情况下也能使用。例如，AVT 测试可以用于学生入学后的学术词汇能力诊断（Read 2015），为教学提供支持，从而鼓励学生参与学术写作产出任务。

AVT 测试的形式适合对其进行改编。很多学习平台和调查工具都有相匹配的形式，比较容易创建一个在线的、自我更正的测试版本。AVT 测试的两种形式可用于教学干预的前测和后测。如果只计划一次测试，可以使用任意一个版本。如果时间充足，可以将这两个版本结合起来，使词汇知识的测量结果更可靠。因为每个版本的题目都是按递减频率排序的，如果同时使用这两种形式，最好对其合并，保留递减排序。

以上改编的建议在一定程度上是基于适应性假设的。这种适应性假设在词汇测试中并不少见。例如，经常有人建议减少测试项目的数量以适应环境（如 Beglar 2010；McLean & Kramer 2015；McLean et al. 2015；Nguyen & Nation 2011）。然而，内申和安东尼（Nation & Anthony 2016）在讨论 VST 测试的使用时，建议在测试中添加更多的项目，使测试结果更具解释性。

同样，尽管 AVT 测试对其他环境中的受试（如不同母语、不同水平，或更异质的受试群体）也有使用价值，但也有可能这些受试在 AVT 测试中的表现与佩科拉里等（Pecorari et al. 2019）的受试不同。梅西克（Messick 1989：14）曾指出“测试没有可靠性和有效性，只有测试响应（test response）才有”。测试响应不仅指项目、任务或刺激条件，还包括响应者和测量环境。测试对不同学习者群体的适应性问题比单纯的有效性问题会受到更广泛的关注（Gu & So 2015）。

因此，在 AVT 测试用于更广泛的测量环境时，有必要考虑理论与实际的平衡。有建议提出为目标人群编写测试，或者对测试进行调整，并与目标人群一起验证。然而，这种专业化操作至少存在两个不足。一是用于测量词汇知识的研究工具越专业或多样化，不同研究的结果就越不具有可比性。二是测试需要的所有教学环境都有足够的资金来编写、改编和验证，这种想法是不现实的。因此，在理想主义和实用主义之间找到一个平衡点，才能做出正确的选择，合理、有效地运用 AVT 测试。

8.4.4.3 研究启示

基于佩科拉里等（Pecorari et al. 2019）的 AVT 测试开发研究的结果，后续研究可从以下几个方面开展。一是 AVT 测试中同源性的作用。施米特等（Schmitt et al. 2001）在验证两种形式的 VLT 测试时发现，测试形式的等效性受考生母语的影响，母语不同，等效性也会不同。埃尔戈特（Elgort 2013）发现，同源性有助于正确回答双语版本的 VST 测试。因此，未来研究可调查不同母语的受试接受 AVT 测试的情况。

二是 AVT 测试在不同目的下的效用。克雷梅尔和施米特（Kremmel & Schmitt 2017）指出 VLT 测试最初的设计定位是诊断性测试，但现在已经发展为教师和研究人员广泛使用的工具，用于评估二语学习者的词汇广度。因此，AVT 测试应该有大量的实证研究，对其作为诊断性测试评估学术词汇量的效用进行检验。

三是测试学术词汇和测试其他类型的词汇之间的差异。VLT 测试以词族为基础，通过频率水平来表示对一般词汇的掌握程度。VLT 测试对词族进行采样，最多可达 10 000 个最常见的词族。相比之下，考克斯黑德（Coxhead 2000）的 AWL 词表只包含 570 个词族；同样，加德纳和戴维斯（Gardner & Davies 2014）的 AVL 词表只列出了 3 015 个词元。这两个词表提供的学术文本覆盖率很高，分别为 10%和 14%。因此，我们可以假设，学术词汇水平测试可以作为学术词汇量的一种测量方法，而 VLT 测试却不能用这种方法测量通用词汇。然而，这一假设需要实证检验。

四是学术词汇测试单双语版本的选择。佩科拉里等（Pecorari et al. 2019）的研究发现，尽管 VLT 测试通常有单个词的答案替代词，但除了 AVL 词表上最常见的 500 个左右的单词外，有必要给这些单词编写定义和解释，而不是提供测试项目的同义词。这与阮和内申（Nguyen & Nation 2011）的观察结果产生了共鸣，即在低频词汇水平上，单语 VST 测试的答案选项涉及长词和复杂语法。这构成了他们开发双语 VST 测试的部分理论基础，因为这些测试题目要求学习者具备一些复杂的语法知识和合理的阅读技能。理想的情况是，词汇量测试不应依赖于这类知识，而应尽可能只关注词汇知识。尽管语法复杂性和阅读技巧在学术词汇教学相关的语境中不会成为同等重要的混淆变量，但是这些变量都是值得考虑的因素。未来研究可调查 AVT 测试的双语版本开发是否存在价值。

8.4.5　AVT 测试的试题举例

8.4.5.1　AVT 测试卷（形式一）

以下是 AVT 测试卷（形式一）试题举例，共 19 组（表 8.5）。答题说明：请在左边定义的横线处填写右边相应的单词编号。

表 8.5 AVT 测试卷（形式一）试题举例

[1]	_____ a promise to do something _____ a thing that somebody has made _____ someone who works with you	a. colleague b. commitment c. creation d. experiment e. flow f. percentage
[2]	_____ help _____ mention a rule, etc., as a reason for doing something _____ show something clearly	a. aid b. center c. deem d. invoke e. manifest f. originate
[3]	_____ border _____ explanation _____ making copies of something	a. assertion b. exclusion c. fragment d. frontier e. rationale f. reproduction
[4]	_____ a meeting of a group of people _____ the state of being correct _____ the movement of large numbers of people or animals	a. indicator b. assembly c. processing d. complexity e. accuracy f. migration
[5]	_____ express something in a certain way _____ make the best of something _____ organise different parts of an activity	a. coordinate b. designate c. differentiate d. formulate e. maximize f. reproduce
[6]	_____ a mix of two different things _____ likely to be affected by something _____ without planning	a. arbitrary b. cumulative c. hybrid d. preceding e. spontaneous f. susceptible

续表

[7]	_____ based on facts _____ related to punishment _____ saying things that do not agree	a. discrete b. disciplinary c. enduring d. inconsistent e. informed f. methodological
[8]	_____ grow larger in number _____ make something stronger _____ stop something from happening	a. adhere b. elaborate c. inhabit d. intensify e. multiply f. preclude
[9]	_____ disagree with _____ make something worse _____ protect	a. bridge b. contest c. degrade d. reaffirm e. safeguard f. unify
[10]	_____ a small group which is part of a larger one _____ disadvantage _____ energy	a. breadth b. conformity c. drawback d. subset e. suppression f. vitality
[11]	_____ a good fit between things, ideas, etc. _____ an event when something breaks out from under a surface _____ bringing somebody new into a group	a. coherence b. directory c. eruption d. induction e. template f. tenet
[12]	_____ a right _____ somebody who believes in something _____ system for putting things into groups	a. adherent b. applicability c. cortex d. prerogative e. transcription f. typology

续表

[13]	_____ a delay _____ the process of falling apart _____ the process of making things like each other	a. approximation b. disintegration c. lag d. parity e. standardization f. subculture
[14]	_____ find the meaning of something _____ give or assign something _____ say something in different words	a. allot b. condense c. decode d. devalue e. paraphrase f. re-evaluate
[15]	_____ get something _____ start at an earlier point in time than something else _____ put things into one group	a. aggregate b. attune c. encapsulate d. predate e. procure f. underly
[16]	_____ associated with _____ unable to continue in the same way _____ varied	a. affiliated b. concentric c. cursory d. miscellaneous e. unchanging f. unsustainable
[17]	_____ able to understand what other people are feeling _____ similar to each other _____ allowing many kinds of behaviour	a. centrifugal b. directed c. empathetic d. eroding e. homogenous f. permissive
[18]	_____ convenience _____ the quality of not being common _____ something which is necessary	a. blurring b. exclusivity c. expediency d. irrationality e. opacity f. requisite

续表

[19]	_____ the state of being found everywhere _____ total agreement _____ way of doing something	a. culpability b. destabilization c. modus d. ubiquity e. unanimity f. upsurge

答案：

[1]b c a	[2]a d e	[3]d e f	[4]b e f
[5]d e a	[6]c f e	[7]e b d	[8]e d f
[9]b c e	[10]d c f	[11]a c d	[12]d a f
[13]c b e	[14]c a e	[15]e d a	[16]a f d
[17]c e f	[18]c b f	[19]d e c	

8.4.5.2　AVT 测试卷（形式二）

以下是 AVT 测试卷（形式二）试题举例，共 19 组（表 8.6）。答题说明：请在左边定义的横线处填写右边相应的单词编号。

表 8.6　AVT 测试卷（形式二）试题举例

[1]	_____ get something _____ produce something _____ see something in a certain way	a. encourage b. generate c. obtain d. perceive e. publish f. refer
[2]	_____ a certain way of doing something _____ an answer to a problem _____ an ability to reach or use something	a. access b. attempt c. basis d. meaning e. procedure f. solution

续表

[3]	_____ give up _____ include _____ show	a. constitute b. display c. incorporate d. inform e. interpret f. yield
[4]	_____ continue to do something _____ keep something on its own _____ reach a goal or objective	a. attain b. diminish c. exploit d. induce e. isolate f. persist
[5]	_____ fast _____ following rules of honest behaviour _____ seeming to be a certain way	a. apparent b. dependent c. ethical d. extensive e. joint f. rapid
[6]	_____ better _____ not concrete _____ stated directly	a. absolute b. abstract c. emerging d. explicit e. integrated f. superior
[7]	_____ lack of clearness _____ the process of keeping something or someone safe _____ weakness	a. ambiguity b. analogy c. precision d. preservation e. synthesis f. vulnerability
[8]	_____ help solve a conflict _____ help something grow _____ not give something the care it needs	a. allocate b. confine c. cultivate d. fulfill e. mediate f. neglect

续表

[9]	______ done by hand ______ limiting ______ not limited	a. differing b. industrialized c. infinite d. manual e. projected f. restrictive
[10]	______ not having the things you need ______ a process of coming together ______ a reference to a book, article, etc.	a. citation b. collaborator c. convergence d. deprivation e. insistence f. navigation
[11]	______ get rid of something ______ make something louder ______ relate to	a. amplify b. disregard c. eradicate d. hamper e. pertain f. precipitate
[12]	______ a difference between two things ______ an explanation ______ something which was left out	a. academia b. clarification c. divergence d. lecturer e. omission f. responsiveness
[13]	______ try ______ replace something less modern ______ imagine how something will be	a. colonize b. endeavor c. entrench d. envisage e. imbue f. supersede
[14]	______ order of importance ______ a feeling of dislike ______ pleasure	a. aversion b. compulsion c. congruence d. gratification e. nexus f. precedence

续表

[15]	_____ just starting _____ providing support _____ travelling from place to place	a. ancillary b. asymmetrical c. defensible d. feudal e. incipient f. itinerant
[16]	_____ need _____ tendency _____ the process of taking something under state control	a. biochemistry b. exigency c. invisibility d. multiplier e. nationalization f. proclivity
[17]	_____ attach _____ make something start to happen _____ mark the boundaries of something	a. append b. catalyze c. delimit d. interconnect e. oversimplify f. reformulate
[18]	_____ a set of evidence presented against an argument _____ health _____ opposite	a. amalgamation b. converse c. refutation d. soundness e. sufficiency f. vagueness
[19]	_____ causing worry _____ controlling all of something _____ unwilling to spend money	a. centered b. monopolistic c. parsimonious d. post-industrial e. recoverable f. vexing

答案：

[1]c b d　[2]e f a　[3]f c b　[4]f e a

[5]f c a　[6]f b d　[7]a d f　[8]e c f

[9]d f c　[10]d c a　[11]c a e　[12]c b e

[13]b　f　d　　[14]f　a　d　　[15]e　a　f　　[16]b　f　e
[17]a　b　c　　[18]c　d　b　　[19]f　b　c

8.5 小　结

学术词表对于学术词汇测试开发有着重要的参考作用。学术词表可应用于词汇量测试和 VLT 测试两种测试类型。在测试具有特定语言背景的学习者的词汇知识时，试题开发者需要注意一些问题，如从词表中抽取单词时要确保同源词或外来词在词表中正确呈现，以及要测试词族的数量等。佩科拉里等（Pecorari et al. 2019）的 AVT 测试开发研究，在学界开启了高质量的学术词汇知识测量工具的探索。他们开发的两种形式的 AVT 测试对学术词汇教学实践和学术词汇测试研究均有重要的指导作用。

基于学术词表，通过学习多义词、词性、词族、搭配、词法等方面的词汇知识，学习者可以有效提升自己的学术词汇水平。与《中国英语能力等级量表》对接的学术词汇水平测试可分为四个等级：四级、五级、六级、七级。测试结果有助于学习者监控自己的词汇学习效果和设定下一步的词汇学习目标。总体来说，学术词表与词汇测试在学术英语教学中相辅相成，开发高质量的词汇测试需要借助高质量的词表；反过来，高质量的词表又能促进词汇的有效学习，并提高词汇测试的效度和效应。

第9章

学术词表在软件开发与词典编纂中的应用

学术词表可用于教学软件的开发，还可以用于词典编纂。本章具体讨论学术词表在阅读分级程序的设计、自动作文评分系统的研发与学术英语词典的编纂等方面的应用。

9.1 阅读分级程序的设计

词表应用在阅读分级程序的设计方面的表现很突出。精心设计的分级阅读词表里每一级都有特定的词汇。每本英语读物的编写都有其适应的阅读级别，因此读物中的词汇不会超出当前级别和前面级别的范围。阅读几本同一级别的读物之后，学习者就可以接着阅读下一个级别的书籍。由于每本读物都有严格的词汇量控制，每一页只会出现几个生单词，所以这样的阅读对学习者来说能够获得成就感，同时也是一种享受。

内申（Nation 2016）对分级阅读词表的研究基础提出了质疑，他指出目前的阅读分级方案在读物质量方面达到了较高的标准，但针对什么是理想的分级词表却很少有研究探讨。制定分级阅读词表的一般原则应该是：一是最有用的单词放在词表的前面；二是前后两个级别的词汇跨度应该足够大，以满足有用的词汇学习需求，但不能太大以免生词密度太高（平均 50 个连续单词中有一个生词是比较合理的)；三是分级读者应至少掌握 3 000 个英语高频词族（Nation 2016）。其中，原则二意味着，伴随着词汇级别的升高，词汇跨度会变得越来越大，因为需要更多不同的单词来覆盖文本中 1%或 2%的现有知识之外的单词。这些原则对教材编写有所启示：课文的选择应该紧密参考词表，但是可以使用当前级别之外或词表之外的重要主题词汇，前提是每个添加的单词在文本中需要重复多次。

词表在阅读分级程序的设计方面的应用还有一个典型的案例。金檀等（2018）开发的“指难针”，以我国各教育阶段英语课程标准和教学大纲词表作为参考词表。“指难针”有很多优势，不但可以针对每篇英语课文，自动选择不同阶段的词表来统计其词汇覆盖率、判断该篇课文的词汇难度级别（郭凯等 2018)，而且还能基于自带的教材和试题语料库，自动统计单篇课文中的目标生词并进行排序。

9.2　自动作文评分系统的研发

词表在自动作文评分系统方面的应用越来越广泛。自动作文评分系统是语言测试研究方面的新进展，该系统需要解决的关键技术是机器可用的、高信度的作文评分特征的选取。其中一个基本特征就是词汇分布，即单篇作文中使用的词汇在某个分级词表的每个级别词汇中所占的比例。也就是说，词汇分布的统计分析需要一个清晰描述的和准确刻画的高质量大学生英语作文分级词表。分级词表应用于自动作文评分就是一个测量标准，其效度的高低直接影响作文词汇分布结果的可靠性和有效性。

自动作文评分系统方面的研究，最常用的词表是劳弗和内申（Laufer & Nation 1995）研发的分级词表。这主要是因为研发者已经通过严格的实验，证实了该词表的有效性。针对作文中的词汇分布测量，使用该词表描述的词频概貌具有很好的信度和效度。国内使用劳弗和内申（Laufer & Nation 1995）的分级词表进行词汇分布的研究也有很多（如李志雪、李景泉 2005；文秋芳 2006)，因为国内的研究对象主要是英语专业学生或高水平英语学习者，他们的词汇水平与劳弗和内申（Laufer & Nation 1995）的研究对象比较接近。

词表只有能够区分不同分数档次作文间的词汇分布差异，才可用于描述英语作文成绩的差异，从而适合应用于自动作文评分系统。国内学者李艳和葛诗利（2008）采用实证方法探讨了分级词表在大学英语作文自动评分中的效度。他们主要从中国学习者英语语料库（Chinese Learner English Corpus，CLEC）选取学生作文，采用劳弗和内申（Laufer & Nation 1995）的 3 个分级词表作为参照，尝试通过找出不同分数档次作文间的词汇分布差异，来描述大学生的英语写作能力差异。该研究发现，目前已有的词表对不同质量的英语作文的区分度不高，但通过对词表进行改进或调整，能够提升词表对不同质量的英语作文的区分度，取得较好的评分效果，以增强词表应用于自动作文评分系统的效度。

9.3　学术英语词典的编纂

词典作为一种与语言相关的文化载体，主要用来记录人们的语言使用（雍和明 2004）。词典的编纂内容是语言的语词单位和语词组合；编纂过程是观察、搜集、筛选和描写。词典编纂需要遵循的基本原则是描写语言相对稳定的共时状况，同时还需要考虑词典的使用对象、功能作用、词汇信息、收录方法等。

词典编纂的首要任务是建立语料库和创建词表。例如，想要编纂商务英语词典，需要先建设商务英语教材语料库（如游金干、何家宁 2016），然后依据语料库创建核心词表。因此，高质量词表是词典编纂所需要的最重要的目标词汇资源。

下面以利等（Lea et al. 2014）编纂的《牛津学术英语词典》为例，介绍词表在词典编纂中发挥的作用。《牛津学术英语词典》的使用对象是学术英语学习者，尤其是在英语国家进修、留学、攻读各类学位的国际学生。该词典专为这类读者的特殊需求而设计，只聚焦学术词汇，而且内容极为详细。《牛津学术英语词典》所使用的核心词表是基于大规模学术语料库的数据分析而成的。该语料库由 850 万词的大学本科教材、学术期刊论文、学术专著和手册等组成，包含物理科学、生命科学、社会科学、艺术人文等四大学科领域的学术语料。

此外，《牛津学术英语词典》的编纂还参考了其他学者创建的具有较高学术影响力的学术词表，如 AWL 词表（Coxhead 2010）和学术关键词词表（Academic Keyword List, Paquot 2010）。该词典的编纂者利等（Lea et al. 2014）对这些词进行了详细的词典学分析，确定了不同学术语境中的词义、使用方法和词语搭配，还找出了有用的近义词和反义词以及可以用于下定义的词。这些词汇信息全部被加入到了词典的编纂中。

由上可以看出，一部词典的编纂离不开高质量的词表，词表是词典编纂的基础资源。有了适合特定群体的词表，编纂的词典才有针对性，才能适合特定的目标学习者群体。

9.4　小　　结

阅读分级程序设计方面，精心设计的分级阅读词表里每一级都有特定的词汇，每本读物都设有严格的词汇量控制，每一页只会出现几个生单词，有助于学习者获得阅读成就感。自动作文评分系统方面，分级词表作为一个测量标准，其效度的高低直接影响作文词汇分布结果的可靠性和有效性。只有能够有效区分不同分数档次作文间的词汇分布差异的词表，才适合应用于自动作文评分系统。学术英语词典的编纂方面，需要先建设学术英语语料库，然后依据语料库创建核心词表，同时还要参考其他高质量的词表，才能编纂出适合特定的目标学习者群体且功能突出的优质词典。

第10章

学术词表在文本覆盖率研究中的应用

本章聚焦大学通用学术词表在文本覆盖率研究中的应用。这项研究采用定量方法,探讨广泛阅读科普文章对通用学术词汇附带习得的可能性。首先,分析大学通用学术词表在COCA的科技杂志语料库中的覆盖率和出现频次,并与COCA的学术期刊语料库和其他类型的杂志语料库进行对比。其次,探究科普文章的不同阅读量可以接触到多少通用学术词汇,以及哪个词汇级别的阅读量最有利于用最少的阅读量习得最多的通用学术词汇。最后,预测该阅读量可以使学习者附带习得多少通用学术词汇。

10.1 研究背景

10.1.1 通用学术词汇与科普文章

根据《大学英语教学指南》(2020版),学术英语课程与通用英语课程和跨文化交际课程组成了大学英语的三大课程群。随着"双一流"建设和国际化人才培养的推进,学术英语课程愈来愈显其重要性,以提升大学生用英语进行专业学习、学术交流和科学研究的能力。学术词汇是学术英语课程的重要学习内容。帕科(Paquot 2010)将学术词汇定义为在学术文本中除核心词汇以外使用频率较高的词汇。内申(Nation 2013)将其定义为在形式、意义上与特定主题、领域或学科密切相关的单词或短语。之后，内申（Nation 2016）将学术词汇分为通用学术词汇和专业学术词汇。通用学术词汇指进行研究、分析数据和评价结果所使用的词汇（Martin 1976）。专业学术词汇指在学术文本中具有语义专门化和语义不变性特征且无精确同义词的科学知识词汇（Mudraya 2006）。鉴于通用学术词汇是各学科领域的共核词汇，使用频率较高，本书聚焦通用学术词汇。

学术英语课堂内的有意词汇学习是习得大量通用学术词汇的必要条件。然而，受课时限制，在课堂内习得的词汇是有限的。通过课外的广泛阅读来附带习得词汇是一种宝贵的辅助学习手段（Nagy & Herman 1987；Schmitt 2008）。

科普文章面向大众，可以提供丰富的、潜在的、可理解性的语言输入，因此是非常优质的阅读资源，相对来说也容易获得。然而，在很多外语课堂或二语课堂中，“学习就是针对职业目标进行的基础性练习”（Shanahan 1997：165），作为知识拓展的科普文章阅读受到了教师和学习者的忽视。我们认为，课外泛读科普文章可以给学习者带来非常可观的益处，即在学习自主性、批判性思维能力、交际自信、语言/文本/文化意识、学习动机和兴趣、记忆保持等方面都可以得到增强和提升。此外，科普文章还是促进二语习得、记忆保持和语言熟练程度的重要阅读资源，可同时提高学习者的接受性和产出性语言技能，并能提升语法和词汇能力。

然而，在学术英语课堂，普遍认为学术期刊文章可以让学习者更直接地习得通用学术词汇。因此，到目前为止，鲜有研究采用定量方法确认科普文章对通用学术词汇的覆盖程度。为了弥补这一研究不足，本研究拟通过对比科普文章与学术论文以及其他类型的杂志文章中通用学术词汇的覆盖率，探讨科普文章对通用学术词汇附带习得的可能性，让一线教师和学者更好地了解科普文章可以作为学科领域通用学术词汇附带习得资源的潜力，从而确认科普文章在二语/外语科学素养提升方面的贡献程度。

10.1.2　泛读与二语词汇附带习得

词汇附带习得指在语言输入时无意间接触到一些新词或一知半解的生

词而偶然习得了这些目标词汇（Huckin & Coady 1999）。对成人第二语言词汇附带习得的研究表明，书面形式的输入范围广、词量多（Brown et al. 2008；Huckin & Coady 1999；Krashen 1985；Vidal 2011），词汇附带的效果更优。不论阅读是为了寻求乐趣，还是为了寻求意义（Krashen 2003），只要阅读能够满足"范围广""词量多"两个条件，就能实现理想的词汇附带习得。事实上，在过去的几十年里，许多研究者都已经认识到泛读对一语和二语词汇习得、记忆保持和使用能力的积极影响（Brown et al. 2008；Nagy et al. 1985；Pellicer-Sánchez & Schmitt 2010；Pigada & Schmitt 2006；Waring & Nation 2004）。本研究拟进一步验证泛读科普文章对通用学术词汇的附带习得可能性。

10.1.3　输入与二语词汇附带习得

阅读附带习得二语词汇的关键条件之一，是让二语学习者接触到适合自己的文本（Waring & Nation 2004）。根据克拉申（Krashen 1985）的输入假设，适合学习者的文本指比学习者的理解水平稍难的文本，即"*i*+1"，其中"*i*"是学习者当前的能力水平，"+1"是语言习得的下一个水平。输入假设认为，只要有足够的可理解输入，"*i*+1"就存在于所有二语学习者的身上。也就是说，即便输入没有很好地调整到学习者的能力水平，而是包含更多或更少的高级话语，二语学习者也可以选择那些与他们特定水平相关的输入，这一过程与儿童习得母语类似（Krashen 2013）。

为了在输入时能够发生附带习得，学界一般认为二语学习者必须知道输入文本中大约 98%的连续词量，相当于 50 个单词中大约有 1 个生词（Hirsh & Nation 1992；Hu & Nation 2000；Nation 2006；Schmitt et al. 2011）；否则，学习者不太可能从上下文中猜出新词的意思（Waring & Takaki 2003）。不同体裁的文本输入需要已知的词汇量也不同，一般来说，学术文本的门槛最高（Waring & Nation 2004）。例如，哈森伯格和赫斯顿（Hazenberg & Hulstun 1996）调查了荷兰大学一年级学生的阅读材料，发现要理解学术文本 95%的内容，可能需要掌握 11 000 多个词（包含专有名词）。这表明，对于中学阶段以后学习的学术文本，想要达到词汇附带习得门槛要求的 98%的词汇覆盖率，学习者需要熟练掌握 11 000 多个词。然而，考克斯黑德等（Coxhead et al. 2010）又发现，仅在高中科学教科书中达到 98%的覆盖率，就需要学习者知道 11 000～20 000 个词（包括专有名词）。以上研究表明，理解学术文本所需的词汇门槛很高。部分原因可能是学术词汇所占比例比较大。

学术词汇的有意学习一般是通过课堂使用的学术英语教材，而学术词汇的附带习得多发生在课外的相关阅读中。课外阅读的材料包括学术性的期刊论文和专著，也包括大众化的科普文章。科普文章与学术性论文相比，尽管学术词汇覆盖率可能较低一些，但阅读难度也会相应降低，同时趣味性会大幅提升，在很大程度上会增强学习动机，提高学习者的学术词汇附带习得效果。

10.1.4　词汇接触频次与二语词汇附带习得

阅读附带习得二语词汇的关键条件之二，是确保接触生词的频次达到足够的频次（Rolls & Rodgers 2017）。由于词汇习得在本质上是循序渐进的，学习者必须多次接触词汇才能获得有意义的词汇习得（Nagy & Herman 1987; Nation 2013; Pellicer-Sánchez & Schmitt 2010; Saragi et al. 1978; Schmitt 1998）。目前，学界还没有在习得一个单词需要的特定重复频次上达成一致。内申（Nation 1990）的词汇研究调查结果表明，一个单词重复 3～16 次可能是必要的。韦林和内申（Waring & Nation 2004）对研究文献的回顾认为，重复接触一个单词 6～10 次后，可以获得最有意义的词汇习得。

前人研究对词汇习得效果的考察内容主要关注两个方面：一是词汇的形式-意义联系；二是词汇的维度知识（Brown et al. 2008；Pellicer-Sánchez & Schmitt 2010；Pigada & Schmitt 2006；Waring & Takaki 2003；Webb 2007）。然而，考察词汇维度知识的研究比考察词汇形式-意义联系的研究更能说明通过泛读可以附带习得更多的词汇。而且，词汇知识的各个维度更细微的知识对于充分学习所需的重复次数有不同的阈值。表 10.1 总结了这些研究中最常被引用的阈值，即不同研究者发现的目标词汇的各个维度成功习得的预期比例（Rolls & Rodgers 2017）。

表 10.1 词汇维度知识研究结果一览表

研究文献	单词接触频次					
词汇维度	预期习得词汇百分比（%）					
Waring & Takaki（2003）	*1*	–	*4–5*	*8–10*	*13–14*	*15–18*
形式识别	10	–	46	82	84	84
意义识别/回忆	16/0	–	30/4	54/28	40/16	72/42
Pigada & Schmitt（2006）	*1*	*2–3*	*4–5*	*6–10*	*10+*	*20+*
形式识别（名词/动词）	24/42	12/46	3/9	19/0	60/50	50/0
意义识别（名词/动词）	3/0	3/23	17/27	8/20	50/14	67/63
语法回忆（名词/动词）	6/17	29/15	40/8	31/23	60/0	67/67
Webb（2007）	*1*	*3*	–	*7*	*10*	–
形式识别/回忆	67/50	80/60	–	83/72	88/77	–
搭配识别/回忆	40/9	55/15	–	55/23	66/37	–
联想识别/回忆	48/7	57/23	–	56/24	69/40	–
意义识别/回忆	58/4	68/13	–	65/27	76/29	–
语法识别/回忆	57/11	68/20	–	70/22	80/43	–
Brown 等（2008）	–	*2–3*	–	*7–9*	*10–13*	*15–20*
形式识别	–	32	–	45	41	61
意义回忆	–	1	–	10	20	28
Pellicer-Sánchez & Schmitt（2010）	*1*	*2–4*	–	*5–8*	*10–17*	*28+*
形式识别	30	16	–	37	85	70
意义识别/回忆	29/5	33/5	–	45/11	80/48	87/61
语法回忆	9	7	–	20	54	72

注：①表中斜体格式表示的是单词接触频次，下同。②斜体数字是最左边一栏文献中设定的单词接触频次；如果是小短线，表明该文献未统计相应的频次及其预期习得词汇。百分比数字是通过阅读预期习得目标词汇量的比例。如果在研究中应用了多个后测，则只包括第一个后测的百分比。

举例来说，表 10.1 中韦林和高木（Waring & Takaki 2003）的研究发现，学习者有可能识别出只接触过一次目标词的 10%的形式，但如果接触同一个词 4～5 次，他们能够识别 46%的形式。前人研究通常聚焦在形式、意义和语法行为等较少依赖语境的词汇维度，而且研究结果存在一些相互矛盾的发现。例如，佩利塞尔-桑切斯和施米特（Pellicer-Sánchez & Schmitt 2010）的研究发现，形式识别比意义识别需要更多的目标词接触。这一发现对韦林和高木（Waring & Takaki 2003）的研究提出了质疑。综合来看，这些研究表明一个共识，即学习者接触一个生词达到 10 次或更多次，对于实现有意义的词汇附带习得是必要的；但是如果少于 10 次，也可以习得许多重要的词汇知识。

综上所述，让二语学习者课外阅读合适的文本，并确保接触生词达到足够的频次，通过阅读附带习得二语词汇就可能发生。面向大众的科普文章与面向专业人士的学术论文相比，由于读者群体不同，阅读难度较低，但同样可以提供丰富的、可理解性的学术语言输入。然而，目前学界鲜有实证研究对其进行定量验证。通用学术词汇在科普文章的覆盖率和出现频次、课外阅读科普文章是否能够附带习得通用学术词汇，以及附带习得的预期效果等尚不清楚。

10.2　研 究 方 法

10.2.1　研究问题

本研究拟采用语料库方法对科普文章是否通用学术词汇附带习得的优质资源进行定量探讨，即科普文章作为通用学术词汇附带习得资源的可能性。为此，本研究提出了以下问题。

（1）与其他类型的杂志文本和学术文本相比，通用学术词表在科技杂志文本中的覆盖率是多少？

（2）不同阅读量的科普文章中可以出现多少通用学术词汇？哪级阅读量是“最经济的”？即以最少的阅读词汇量接触到最多的通用学术词汇（出现 10 次及以上的）。

（3）最“经济的”阅读量预期能够习得多少通用学术词汇？

10.2.2 词表描述

本研究选取的通用学术词汇来自本书所做研究的大学通用学术词表。该词表基于 1.2 亿词的 COCA 学术语料库，对 AWL 词表和 AVL 词表两个词表采用定量和定性的混合方法进行重组与整合而建。大学通用学术词表共收录 2 763 个通用学术词汇，这些词汇按频率和难度被分为四～七级。其中，四级词汇为通用学术词汇最低水平，在 COCA 学术语料库中的覆盖率为 1.89%。根据我国非英语专业大学生的实际英语水平，在第一学年通过阅读学科专业领域的学术期刊来附带习得四级通用学术词汇的难度较大。学术期刊包含的学术词汇数量多，密度大，不利于大学一年级学生附带习得通用学术词汇，尤其是四级水平的词汇。因此，本研究以大学通用学术词表四级词汇（以下简称：通用学术四级词汇）为目标词汇，考察课外阅读科普文章对通用学术词汇的附带习得可能性。通用学术四级词汇共 202 词，占词表总词数的 7.31%。其中，名词 88 词，动词 59 词，形容词 49 词，副词 6 词。

10.2.3 语料库描述

本研究使用的语料库均来自 COCA 的子库（1990～2019 年），包括杂志语料库和学术语料库。其中，COCA 的杂志语料库的词数规模为 126 090 833 词，文本篇数为 86 291 篇。杂志语料库涉及新闻/评论、金融、科技、社会/艺术、宗教、体育、娱乐、家庭/健康、非裔美国人、儿童、女人/男人等 11 个不同类型的杂志（表 10.2）。

表 10.2　COCA 的杂志语料库一览表

类型	文本数（篇）	词数（形符）	总词数（形符）
新闻/评论（News/Opinion）	17 671	27 676 740	
金融（Finance）	5 195	7 181 822	
科技（Science/Technology）	14 342	18 619 590	
社会/艺术（Society/Arts）	4 508	9 323 596	
宗教（Religion）	3 027	5 553 662	
体育（Sports）	9 544	14 121 357	126 090 833
娱乐（Entertain）	6 352	7 717 831	
家庭/健康（Home/Health）	15 102	20 698 049	
非裔美国人（Africa-American）	2 973	4 264 528	
儿童（Children）	2 044	2 420 536	
女人/男人（Women/Men）	5 533	8 513 122	

10.2.4　数据分析

本研究采用语料库分析工具 AntConc（Anthony 2020）测量每个目标词汇，以确认这些词汇在科技杂志语料库中的覆盖率。从语料库中收集观察到的绝对频次数据，进行每百万词的标准化转换。覆盖率按照每百万词出现的相对频次的百分比进行计算。

本研究需要确认有多少通用学术词汇可以满足不同词汇量的科普文章的泛读，以及最"经济的"潜在接触频次。根据前人研究设定的频次范围（Pellicer-Sánchez & Schmitt 2010；Pigada & Schmitt 2006；Waring & Takaki 2003），以及观察到的相对频次，每个目标词汇都被分为六组，分别代表不同的出现频次范围。这六组包括：<1 次重复、1～5 次重复、6～9 次重复、10～14 次重复、15～20 次重复和>20 次重复。

然后对频次数据进行推断性统计以反映从 5 万词到 100 万词不等的共 11 个不同的阅读量。因为前人对阅读速率和阅读能力的研究结果不一（Cobb

2008；McQuillan & Krashen 2008），本研究设定所有这些不同的阅读量范围，以全面包含二语学习者在一段时间内能够完成的阅读量。接着比较两个单独的频次范围（≥1 和≥10）中的类形符比。≥1 次的范围表示词汇习得所需的最小出现频次，≥10 次的范围表示习得更多词汇需要的出现频次。最“经济的”阅读量被定义为，通过比较类形符比确定每个出现频次范围的阅读量，即以最少的阅读词汇量接触到最多的通用学术词汇（出现 10 次及以上的）。计算在最“经济的”阅读量的情况下可能预期的潜在词汇习得数量，我们把前人基于频次的词汇研究结果应用到本研究的数据中，目的是确认可能习得的词汇数量和最有可能提升的词汇维度。

10.3 研究结果

10.3.1 学术文本、科技杂志文本以及其他类型的杂志文本的覆盖率

本研究比较了杂志语料库各个类型的杂志文本和学术期刊语料库的总体频次和覆盖率，以便从整体上了解科技杂志文本的通用学术词汇覆盖情况。表 10.3 显示，在这些语料库当中，通用学术四级词汇（202 词）在学术期刊语料库的标准化频次和覆盖率最高，标准化频次为 20 744.62 次，文本覆盖率占 2.07%。这一结果是合理的，因为通用学术词汇的提取主要来自大规模的学术文本。在杂志语料库中，通用学术四级词汇在不同类型杂志中的标准化频次和覆盖率也不尽一致。这些目标词汇在科技杂志文本中的标准化频次和覆盖率最高，为 12 395.06 次，文本覆盖率占 1.24%，而在其他类型的杂志的覆盖率较低，在 0.48%～1.03%不等，均值为 0.75%。与科技论文相比，科技杂志的标准化频次和覆盖率均居第二。这一结果说明，除科技论文的学术文本外，科普文章同样含有较多的通用学术词汇，是二语学习者附带习得通用学术词汇最佳的潜在课外阅读资源。

表 10.3 杂志语料库和学术期刊语料库的频次统计

COCA 子库	类型	总词数（形符）	原始频次（次）	标准化频次（每百万词）	文本覆盖率（%）
杂志语料库	新闻/评论	27 676 740	256 835	9279.81	0.93
	金融	7 181 822	68 051	9475.45	0.95
	科技	18 619 590	230 791	12 395.06	1.24
	社会/艺术	9 323 596	92 689	9941.34	0.99
	宗教	5 553 662	56 995	10 262.60	1.03
	体育	14 121 357	89 141	6312.50	0.63
	娱乐	7 717 831	40 629	5264.30	0.53
	家庭/健康	20 698 049	155 548	7515.10	0.75
	非裔美国人	4 264 528	27 068	6347.24	0.63
	儿童	2 420 536	11 645	4810.92	0.48
	女人/男人	8 513 122	45 903	5392.03	0.54
学术期刊语料库	科技	17 454 120	362 079	20 744.62	2.07

10.3.2 科技杂志文本中通用学术词汇的潜在出现频次

本研究绘制了目标词汇，即通用学术四级词汇（202 词）在科技杂志语料库六组中出现频次范围（每百万词）的分布情况（图 10.1）。可以看出，出现频次小于 1 次的只有 1 个词，即 directory；出现 1～5 次的有 8 个词，即 contradictory、qualification、virtue、applicant、attain、leisure、assign、harmonious；出现 6～9 次的也有 8 个词，即 prejudice、discrimination、frontier、motivate、profession、stimulate、comprise、subjective；出现 10～14 次的有 9 个词，即 preference、compose、outline、association、emphasis、membership、nevertheless、philosophy、strengthen；出现 15～20 次的有 16 个词，即 primitive、advocate、dominate、integrity、intention、occupation、facilitate、infer、integrate、minority、clarify、influential、institute、justify、restrict、superior；出现频次在 20 次以上的词汇共有 160 个。可以看出，202 个通用学术四级词汇在六

组频次范围的分布不均匀，20 次以上的词汇占到了词表四级词汇的 79%。这表明学习者阅读每百万词的科普文本，就能接触到绝大多数目标词汇，而且接触次数较多，高达 20 次以上，足以满足附带习得二语词汇的语言输入条件。

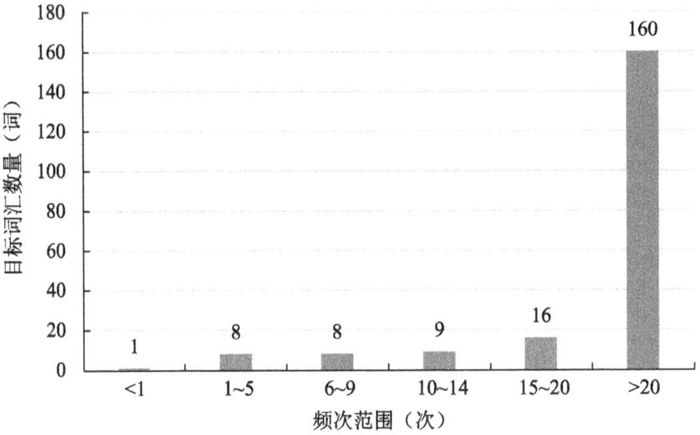

图 10.1　不同频次范围的目标词汇数量

表 10.4 显示的是科普文本中不同阅读量可能接触到的目标词汇，即通用学术四级词汇数量。对于 5 万词、10 万词、20 万词、30 万词的阅读量，都是 1～5 次频次范围的目标词汇数量最多（119、117、87、61），其他频次范围的目标词汇相对出现较少。对于 40 万词、50 万词、60 万词、70 万词、80 万词、90 万词、100 万词的阅读量，都是大于 20 次频次范围的目标词汇数量最多（93、105、117、127、139、145、153），其他频次范围的目标词汇出现较少。这些结果作为研究的基础是有价值的。然而，需要注意的是，真实文本中的词汇分布不一定是线性的，这里估计的频次只是推测性的。

表 10.4　科普文本不同阅读量中出现的目标词汇数量

阅读量（万词）	频次范围（次）					
	<1	1～5	6～9	10～14	15～20	>20
5	58	119	13	9	1	2
10	34	117	27	10	3	11

续表

阅读量（万词）	频次范围（次）					
	<1	1～5	6～9	10～14	15～20	>20
20	17	87	47	23	9	19
30	10	61	37	38	21	35
40	4	39	25	22	19	93
50	3	27	25	22	20	105
60	2	19	24	20	20	117
70	2	13	19	20	21	127
80	1	10	18	18	16	139
90	1	10	10	19	17	145
100	1	9	11	11	17	153

为了调查这些不同阅读量中哪一词汇级别是“最经济的”——能够提供最少的阅读词汇量，但同时可以接触到最多的通用学术词汇，我们计算了每个词汇级别阅读量出现的≥1 和≥10 频次范围的类形符比（type-token ratio），具体见表 10.5。这里的类形符比值表示的是在特定阅读量中有可能出现的目标词汇（通用学术四级词汇）的数量。类形符比值越高，代表目标词汇的比例越高，说明相应的阅读量可以让学习者接触到的目标词汇就更多。

表 10.5　不同阅读量中≥1 和≥10 频次范围的类形符比

阅读量（万词）	目标词汇数量（≥1 次）	类形符比（≥1 次）	目标词汇数量（≥10 次）	类形符比（≥10 次）
5	144	0.002880	12	0.000240
10	168	0.001680	24	0.000240
20	185	0.000925	51	0.000255
30	192	0.000640	94	0.000313
40	198	0.000495	134	0.000335
50	199	0.000398	147	0.000294
60	200	0.000333	157	0.000262
70	200	0.000286	168	0.000240
80	201	0.000251	173	0.000216
90	201	0.000223	181	0.000201
100	201	0.000201	181	0.000181

表 10.5 显示，出现频次 1 次及以上的类形符比值最高的是 0.002880，来自于 5 万词词汇级别的阅读量。这说明在≥1 次的频次范围，5 万词词汇级别的阅读量可以提供用最少的阅读量来接触最多的通用学术四级词汇，但 1 次是词汇学习要求的最少的接触次数。最理想的词汇学习接触次数是 10 次及以上。然而，5 万词词汇级别阅读量的 10 次以上出现频次的类形符比值较低，只有 0.000240，说明学习者如果只阅读 5 万词，是不可能接触到那些出现频次达到 10 次及以上的目标词汇的。

出现频次 10 次及以上的类形符比值最高的是 0.000335，来自 40 万词词汇级别的阅读量。这说明在≥10 次的频次范围，40 万词词汇级别的阅读量可以提供用最少的阅读量来接触最多的通用学术四级词汇，而且出现频次 10 次及以上还是词汇学习要求的最理想的接触次数。对 40 万词阅读量中目标词汇的出现频次分析发现，出现 10 次以下的有 68 个词，占到目标词汇总数的 1/3；10 次及以上的有 134 个词，占到目标词汇总数的 2/3。

10.3.3 科技杂志文本的潜在通用学术词汇习得数量

应用前人的相关研究结果（表 10.1），我们可以预测 40 万词的科普文章阅读量可以附带习得多少通用学术四级词汇。例如，佩利塞尔-桑切斯和施米特（Pellicer-Sánchez & Schmitt 2010）的研究发现，对于仅接触 1 次的目标词汇，学习者能够识别 30%的目标词汇形式；接触 2～4 次的，能够识别 16%；接触 5～8 次的，能够识别 37%；接触 10～17 次的，能够识别 85%；接触 28 次以上的，能够识别 70%。根据这些结果应用于本研究的发现，课外阅读 40 万词汇量的科普文章预期能够附带习得各个维度词汇知识的数量，具体见表 10.6。

词汇知识的形式识别数据显示，学习者预计能够从只出现过 1 次的 11 个目标词汇中识别出 3.30 个；从出现 2～4 次的 16 个目标词汇中识别出 2.56 个；从出现 5～8 次的 31 个目标词汇中识别出 11.47 个；从出现 10～17 次的 31 个目标词汇中识别出 26.35 个；从出现 28 次以上的 69 个目标词汇中识别

表 10.6　科普文章的潜在通用学术词汇习得数量

词汇维度	频次（次）	形式识别（词）	意义识别/回忆（词）	语法回忆（词）
40 万词的阅读量	*1*	3.30	3.19/0.55	0.99
	2～4	2.56	5.28/0.80	1.12
	5～8	11.47	13.95/3.41	6.20
	10～17	26.35	24.80/14.88	16.74
	>28	48.30	60.03/42.09	49.68

注：形式识别、意义识别/回忆、语法回忆三栏的数据为预期的词汇习得数量。

出 48.30 个。将这些数据加起来，课外阅读 40 万词汇量的科普文章，学习者预期附带习得目标词汇的潜在数量为 91.98 个，接近通用学术四级词汇的 50%。

词汇知识的意义识别/回忆数据显示，学习者预计能够从只出现过 1 次的 11 个目标词汇中识别/回忆出 3.19/0.55 个；从出现 2～4 次的 16 个目标词汇中识别/回忆出 5.28/0.80 个；从出现 5～8 次的 31 个目标词汇中识别/回忆出 13.95/3.41 个；从出现 10～17 次的 31 个目标词汇中识别/回忆出 24.80/14.88 个；从出现 28 次以上的 69 个目标词汇中识别/回忆出 60.03/42.09 个。将这些数据加起来，课外阅读 40 万词汇量的科普文章，学习者预期附带习得通用学术词汇的潜在数量为 107.25/61.73 个，约占通用学术四级词汇的 50%/30%。

词汇知识的语法回忆数据显示，学习者预计能够从只出现过 1 次的 11 个目标词汇中回忆出 0.99 个；从出现 2～4 次的 16 个目标词汇中回忆出 1.12 个；从出现 5～8 次的 31 个目标词汇中回忆出 6.20 个；从出现 10～17 次的 31 个目标词汇中回忆出 16.74 个；从出现 28 次以上的 69 个目标词汇中回忆出 49.68 个。将这些数据加起来，课外阅读 40 万词汇量的科普文章，学习者预期附带习得通用学术词汇的潜在数量为 74.73 个，接近通用学术四级词汇的 40%。

此外，表 10.6 显示，从整体上看，形式识别和意义识别的潜在词汇习得数量高于意义回忆和语法回忆，说明形式识别和意义识别两个维度的词汇知识最有可能在 40 万词汇量的科普文章阅读量的输入条件下得到提升。

10.4 讨　论

10.4.1 研究问题一

本研究回答的第一个问题是关于科技杂志语料库中通用学术词汇的覆盖率，以及与其他类型的杂志语料库和学术期刊语料库对比的情况。学术期刊语料库中的四级通用学术词汇的出现频次和覆盖率最高，出现频次为20 744.62次，文本覆盖率占2.07%。这一结果易于理解，因为学术词汇就是在学术文本中出现的除核心词汇以外的高频使用的词汇（Paquot 2010）。前人研究也发现通用学术词汇在学术文本中的覆盖率比在其他类型的文本更高（Coxhead 2000；Gardner & Davies 2014）。

与学术期刊语料库相比，科技杂志语料库中通用学术四级词汇的出现频次（12 395.06 次）和覆盖率（1.24%）均居第二。这一结果说明，除学术期刊论文外，科普文章同样含有较多的通用学术词汇，阅读科普文章是能够接触到一定数量的通用学术词汇。这表明科普文章可以作为附带习得通用学术词汇的潜在优质课外阅读资源，帮助二语学习者从核心词汇知识转移到通用学术词汇的习得。一方面，科普文章包含了学术期刊论文高频使用的通用学术词汇，但阅读难度较低，更有益于可理解性的语言输入（“*i*”）；另一方面，又提供了可观的通用学术词汇接触频次（“+1”）。

排在后面的是其他类型的杂志，包括儿童、娱乐、女人/男人、非裔美国人、体育、家庭/健康、新闻/评论、金融、社会/艺术、宗教等，通用学术四级词汇的覆盖率较低，范围在0.48%～1.03%不等。这个结果并不意外，说明除科技类杂志外的其他类型的杂志更倾向使用核心词汇，不是促进通用学术词汇附带习得的较好阅读资源。

10.4.2 研究问题二

本研究回答的第二个问题是确认科普文章不同阅读量中出现的通用学

术词汇数量，以及“最经济的”阅读量，即以最少的阅读词汇量来接触到最多的通用学术词汇。本研究发现，科技杂志语料库中通用学术四级词汇在六组出现频次范围（每百万词）的分布很不均匀，出现频次小于 1 次的只有 1 个词；出现 1～5 次的有 8 个词；出现 6～9 次的也有 8 个词；出现 10～14 次的有 9 个词；出现 15～20 次的有 16 个词；出现频次在 20 次以上的共有 160 个词，占通用学术四级词汇的 79%。根据罗尔斯和罗杰斯（Rolls & Rodgers 2017）的研究总结，学习者接触一个生词达到 10 次以上，就有可能实现有意义的词汇附带习得。因此，本研究的结果表明，学习者阅读科普文本可以高频（20 次以上）接触到绝大多数通用学术词汇（79%），足以满足附带习得二语词汇的语言输入条件。

本研究通过计算每个词汇级别阅读量出现的 1 次以上和 10 次以上频次范围的类形符比，来确认“最经济的”阅读量。类形符比值越高，说明相应的阅读量出现的目标词汇就更多。本研究发现，在≥1 次频次范围的类形符比值最高的是 5 万词汇级别的阅读量。这说明目标词汇出现频次在 1 次以上的情况下，5 万词汇级别的阅读量可以提供用最少的阅读量来接触最多的通用学术四级词汇，但 1 次只是词汇学习要求的最少接触次数。

在≥10 次频次范围的类形符比值最高的是 40 万词汇级别的阅读量。这说明目标词汇的出现频次在 10 次以上的情况下，40 万词汇级别的阅读量可以提供用最少的阅读量来接触最多的通用学术四级词汇，而且 10 次以上是词汇学习要求的最理想的接触次数。因此，如果想通过课外阅读科普文章来附带习得通用学术词汇，“最经济的”阅读量应该是 40 万词汇量。与前人相关研究对比，这一结果较为合理。例如，罗尔斯和罗杰斯（Rolls & Rodgers 2017）调查了通过阅读科幻小说附带习得科技词汇的可能性，发现 50 万词汇是“最经济的”阅读量，能够使学习者以最少的科幻小说阅读量来接触到最多的科技词汇。麦奎兰和克拉申（McQuillan & Krashen 2008）以学习者每分钟 100 词的课外阅读平均速度为例分析指出，每天阅读 1 小时，持续一学期（13 周），保守估计学习者可以完成 50 万词的阅读量。

综上，本研究得出的“最经济的”40 万词科普文章阅读量，对于大学生来说，是可以在一个学期内轻松完成的，也不会给学生的课外自主学习带来较大的负担。建议学术英语教师可以给学生布置一个学期 40 万词的英语科技杂志阅读任务，通过课堂外的广泛阅读，让学生接触足够频次的目标词汇，促进通用学术词汇的附带习得。

10.4.3 研究问题三

本研究回答的第三个问题是预测学习者在“最经济的”40 万词阅读量中可以习得的通用学术词汇数量。前人的词汇研究表明，只有考虑到词汇学习的学习者个体特征，才能推测出不同接触频次可以习得的准确词汇量。也可以说，成功习得一个单词所需的接触频次是不固定的。然而，很多研究一致认为，高频接触的词汇更容易获得有意义的习得，特别是那些基于语境的搭配、语域限制和频率等的词汇知识（Schmitt 2000）。本研究发现 40 万词的阅读量中，出现频次 10 次以下的有 68 个词，占通用学术四级词汇的 1/3；10 次以上的有 134 个词；占通用学术四级词汇的 2/3。可以看出，绝大多数的词汇都属于高频出现词汇，很容易获得有意义的阅读附带习得；其他词汇的出现频次少于 10 次，可能是因为缺少词汇的形式、意义、语法行为等语境方面的知识，课外阅读科普文章正好可以弥补这一不足，有效促进学习者附带习得通用学术词汇。

将佩利塞尔-桑切斯和施米特（Pellicer-Sánchez & Schmitt 2010）的研究发现应用到本研究中，预期学习者通过课外阅读 40 万词汇量的科普文章，在词汇的形式识别维度可以习得 91.98 个目标词汇，接近通用学术四级词汇总词数的 50%。在词汇的意义识别/回忆维度可以习得 107.25/61.73 个目标词汇，约占通用学术四级词汇总词数的 50%/30%。在词汇的语法回忆维度可以习得 74.73 个目标词汇，接近通用学术四级词汇总词数的 40%。总体来说，词汇知识各个维度的预期习得概率均较高，在 30%～50%不等。以上结果表明，科普文章作为阅读资源，对通用学术词汇的附带习得效果预期比较理想；而且，形式识别和意义识别两个维度的词汇知识最有可能在 40 万词的科普文章阅读量的输入条件下得到提升。

附带习得的效果与学习者原有的词汇量相关，如果学习者的已知词汇量较大，那么只需要较少频次的词汇接触就可以习得新词汇；如果学习者的已知词汇量较小，那么需要较多频次的词汇接触才能成功习得新词汇（Zahar et al. 2001）。然而，即使是那些词汇量较小的学习者同样可以受益于广泛阅读科普文章，包括接触学术程式语的用法（Pellicer-Sánchez 2017），而程式语的使用已被学界当作测量二语水平和语言流利性的重要指标。

10.5　教学启示

本研究的结果可为学术英语教学提供一些有益启示。与学术期刊论文相比，科普文章的通用学术词汇虽然覆盖率稍低，但可读性和可理解性更强，确实可以作为二语学习者通用学术词汇学习的有效补充。这一点非常适用于学术英语的学习者，尤其是那些想在专业领域用英语进行学习或工作，但又缺少足够的学术文本接触机会，或缺乏学术文本理解能力的学习者。此外，本研究的结果不仅有助于判断是否将科普文章纳入特定目的的语言学习环境，包括学术英语/专门用途英语课程、泛读课程、综合英语课程等；而且有助于教师为学生选取适用于特定学术英语学习的课外补充，或推荐作为接触 202 个大学通用学术词表四级词汇所需的阅读量。

此外，广泛阅读科普文章这一课外阅读任务，有助于教师从一开始就引导学生进行自主学习，并可作为课程的一部分，把学生的阅读范围缩小到与各自专业相关的主题文章。罗尔斯和罗杰斯（Rolls & Rodgers 2017）建议教师应鼓励学生尽可能多地参与到所阅读的科普文章中，并鼓励学生带着一定程度的责任感去阅读。这些可以由学生通过课外独立阅读活动（例如写日志、跟踪新词汇等）和/或课堂同伴互动活动（例如小组讨论、课堂展示等）来实现。教师可以将附带习得与有意学习相结合，例如有意学习学术英语词表和参与需要产出和分析目标词汇的文本活动。这种结合的方法，因为可以提高词汇知识的广度和深度，已被学界证实是卓有成效的（Rolls & Rodgers 2017）。

本研究还存在一些局限。对科普文章中学术词汇的文本覆盖率的考察只聚焦大学通用学术词表的四级词汇，因此研究结果不能真实反映通用学术词表所有级别词汇在科普文章中的覆盖率。未来研究可扩大研究范围，增加其他级别的通用学术词汇的文本覆盖率的探讨。另外，本研究只从总体上调查了科普文章中通用学术词汇的接触频次，未对科普文章划分特定主题的学科分类进行更细致的研究。海兰和谢（Hyland & Tse 2007：251）指出“为学生进行科学研究打好基础的最好方法不是寻找总体的、普遍适用的教学项目，而是让他们了解在自己所学的特定课程中将会遇到的语篇特征”。因此，未来研究可以对科普文章进行学科分类（医学、天文、科技等），探索哪个学科的科技杂志具有最高的学术词汇覆盖率，这将有助于制定针对特定学习者的课外专门泛读计划。

10.6 小　　结

学术词汇是学术英语课程的重要学习内容。受课时限制，学术英语课堂内的学术词汇习得数量有限。开发适合课外广泛阅读的文本资源以促进词汇附带习得就显得极为重要。除学术期刊论文外，科普文章可以提供丰富的、潜在的、可理解性的语言输入，但长期以来未得到学界的重视。本研究采用定量方法，探讨科普文章是否是能够促进附带习得通用学术词汇的优质课外阅读资源。本研究选取大学通用学术词表中 202 个四级词汇作为附带习得的目标词汇，使用的科技杂志语料库由 COCA 的科技类型杂志文本组成，包含 14 342 篇文本，共 18 619 590 词数。

通过语料库分析工具 AntConc（Anthony 2020）的分析，研究结果总结如下：①科技杂志语料库中通用学术词汇的文本覆盖率为 1.24%，低于文本覆盖率为 2.07%的学术期刊语料库，但高于文本覆盖率平均为 0.75%的其他类型的杂志语料库，这些发现表明科普文章可以作为附带习得通用学术词汇的课外泛读优质资源。②40 万词汇是“最经济的”阅读量，可以提供用最少的阅读量来接触最多的通用学术四级词汇，其中，出现频次在 10 次以下的占通用学术四级词汇的 1/3，10 次以上的占 2/3。③学习者在词汇知识的形式识别、意义识别/回忆、语法回忆等维度，预期的附带习得概率均较高，在 30%～50%不等；而且，形式识别和意义识别两个维度的词汇知识最有可能在 40 万科普文章阅读量的输入条件下得到提升。本研究的结果对学术英语教学可以提供一些有益的启示。

第11章

学术词表在多维词汇习得研究中的应用

本章采用实证研究方法探讨大学通用学术词表在多维词汇习得研究中的应用。首先调查基于学术词表的显性词汇教学对学术词汇的多维习得效果，其次分析学习者利用学术词表学习词汇使用的策略，最后挖掘学术词表在词汇教学中的价值作用。

11.1 文献综述

学术词汇指学术语篇中出现的用于知识建构、信息交流与学术传播的专门词汇。能否有效习得这些词汇，将直接影响学习者的学术英语技能和素养发展。为满足新时代国家战略的大需求和学生成长的个人需求，教育部对《大学英语教学指南》（2015版）进行了修订。《大学英语教学指南》（2020版）将大学英语的课程结构分为通用英语、专门用途英语、跨文化交际三大课程群，以培养具有人文精神和优良综合素质的国际化人才。专门用途英语被正式纳入了大学英语教学的课程体系，学术词汇又是专门用途英语课程的重要教学内容，因此越来越多的学者关注学术词汇教学的理论、方法及有效性（刘萍、刘座雄 2018；马蓉 2017；乔丽婷、王文宇 2020；孙凤兰 2017）。然而，学术词汇的习得对中国学习者而言是一大难点，词汇过不了关，就无法有效提升学术英语技能和素养，就不利于国际化人才的培养。因此，如何提高学术词汇的习得效果已成为我国外语教学领域亟须解决的现实问题。

近年来，国内外学界主要从以下视角探讨了学术词汇的教学方法，如基于语料库使用（Chan & Liou 2005；刘萍、刘座雄 2018）、基于学习任务（Boers et al. 2014；伍萍 2014）、基于体裁分析（Cai 2016）、基于词典使用（乔丽婷、王文宇 2020）等。还有学者探讨了学术词汇的有意学习和附带习得的效果（AlHassan & Wood 2015；Clark & Ishida 2005；Webb et al. 2013）。学术词表是学习学术词汇最基本也是最常见的一种工具，然而，基于学术词表进行词汇教学的研究较少。另外，词汇的有效习得不仅仅是知道词汇的意义，而是掌握词汇的多个知识维度：接受性、产出性、宽度知识、深度知识等。然而，学界多关注单一维度的词汇习得研究，经常忽略多维词汇习得研究（Yamamoto 2014）。本研究拟探讨基于学术词表的显性词汇教学对学术词汇的多维习得效果，分析学习者利用学术词表学习词汇时使用的策略，挖掘学术词表在词汇教学中的价值作用。

11.1.1　词汇的知识维度

学者对词汇能力的定义进行了多种描述，这些描述可以让我们对词汇的知识维度有更好的理解。内申（Nation 1990）把词汇能力分为三个维度九个要素，即形式（口头、书面、词性）、意义（形式与意义、能指与所指、联想）、使用（语法功能、搭配、使用限制）。每个要素都区分接受性词汇知识和产出性词汇知识。接受性词汇知识与听力和阅读技能相关，也与检索和输入意义的能力相关，即“识别一个词和遇到一个词并回忆起该词的意义”的能力（Nation 1990：5）。产出性词汇知识与口语和写作技能相关，还与检索和输出意义的能力相关（Laufer & Goldstein 2004），包括“接受性词汇知识及其拓展知识”，如能够正确发音、正确拼写，在正确的语境下用正确的句法使用该词，不需要重复使用该词，并能提供近义词（Nation 1990：32）。因此，产出性词汇知识较接受性词汇知识更具有挑战性，需要花费更多的时间和努力才能习得。

米拉（Meara 1996）把词汇能力分为四个维度：①宽度知识，用来说明学习者的词汇量或心理词库有多大；②深度知识，用来说明学习者了解一个词的程度；③可及性，用来说明学习者想使用一个词便能调用该词项的自动程度；④结构知识，用来解释词汇结构的丰富程度。亨里克森（Henriksen 1999）把词汇能力分为三个维度：①偏重知识的准确性；②知识的深度；③知识的接受性/产出性。博加德（Bogaards 2000）把词汇知识分为六个方面：①形式（口语和/或书面语）；②意义；③词法（派生词和复合词）；④句法；⑤搭配；⑥话语。尽管以上学者对词汇知识进行了不同的分类，但共同的特征是词汇知识包含宽度知识和深度知识，还包含接受性词汇知识和产出性词汇知识。

学者进行了大量的词汇多维知识习得实证研究，总体来说，宽度知识的研究数量多于深度知识；接受性词汇知识的研究多于产出性词汇知识（Yamamoto 2014）。词汇知识不同维度间的比较研究的数量也较多，但只聚焦两个维度，且结果不尽一致（Lee & Muncie 2006；Min 2008；Paribakht & Wesche 1997）。一些研究发现学习者可以同时有效习得词汇的宽度知识和深度知识（如 Peters & Pauwels 2015）；更多的研究发现学习者的词汇的宽度知识习得效果优于深度知识习得（如 Bardovi-Harlig 2009）。不同学习语境中的词汇知识发展比较研究发现，学习者的接受性词汇和产出性词汇的知识习得效果存在很大差异（如 Okamoto 2007）。国内学者的研究发现更为具体，如崔艳嫣和王同顺（2006）发现一～四年级大学生的接受性词汇知识呈线性上升发展趋势，而产出性词汇知识发展比较缓慢，且这两个维度的知识发展与词汇深度知识发展具有显著相关关系。王健、李洪民（2015）调查了大学二年级学生的词汇知识磨蚀情况，发现产出性词汇知识的磨蚀程度远高于接受性词汇知识。

11.1.2 词汇的学习策略

为了充分发挥有意词汇学习的效果，掌握新词汇需要借助学习策略，这些学习策略可以使词汇学习的效果更好和效率更高。策略就是学习词汇、理解文本、保持记忆的技巧（Coxhead 2006）。词汇策略对外语学习者特别重要，因为多数词汇学习都发生在课堂之外的自主学习情境（Klapper 2008）。

有不少研究已经探讨了词汇学习的最优策略，总结了成功学习者和不成功学习者的词汇策略使用特征。研究表明成功学习者比不成功学习者更倾向综合使用多种策略（如 Gu & Johnson 1996）。研究还表明能够有意识并监控策略使用的学习者比那些没有策略使用意识的学习者在词汇习得方面表现更好（Coxhead 2006；Nyikos & Fan 2007；Sanaoui 1995）。成功学习者不仅使用多种多样的策略，而且采用结构化的学习方法进行自主学习活动，记录生词并复习（Kojic-Sabo & Lightbown 1999；Mukoyama 2004）。使用多种词汇学习策略并坚持重复练习的学习者在词汇能力上要强于那些使用有限的策略且花更少时间复习的学习者（Horst et al. 1998；Nation 2001；Waring & Takaki 2003）。

以上研究结果触发了很多学者开始探讨学习词表需要重复的频率问题（Horst et al. 1998；Waring 2010）。有研究发现，学习者需要接触目标单词至少 10 次才能习得该单词（Saragi et al. 1978）。还有研究表明学习者需要接触一个单词至少 8 次，三个月后才能有 50%的机会识别出该单词；低于 5 次，识别出该单词的概率是零（Waring &Takaki 2003）。后续相关研究建议词汇接触的范围在 5～16 次可达到较好的习得效果（Waring 2010）。这些研究都表明词汇接触与词汇习得有着密切的联系。

研究者还探索了词汇学习的其他策略及记忆保持的效果，如不同类型的演练策略、口头和书面重复二语词汇、记笔记策略和制作词表等都被认为是有效的策略（Gu & Johnson 1996）。根据顾和约翰逊（Gu & Johnson 1996）的研究结果，口头重复策略与通用英语水平存在正相关关系；视觉重复的词汇保持策略与词汇量及英语综合水平呈负相关。

11.1.3　词汇的有意学习

词汇学习策略的选择和使用在很大程度上取决于多种因素，例如学习条件、文化、性别等（Jiang & Smith 2009；Kojic-Sabo & Lightbown 1999；Mizumoto

2010；Nakamura 2002；Nyikos & Fan 2007）。其中，有意学习条件中的词汇习得受到很多关注，已有近 50 年的研究历史（Atkinson 1972）。记忆策略是有意学习研究的重要内容。记忆学研究领域将记忆策略定义为“使用任何特定的策略或‘精神工具’来达到提高指定项目的记忆保持能力”（Barcroft 2009：76）。

国内外许多研究都证实了记忆策略这种方法的有效性。巴克罗夫特（Barcroft 2009）研究在有意词汇学习条件下学习者策略使用与词汇学习的关系，发现尽管学习者更喜欢使用翻译策略，但该策略效果欠佳；相反，记忆策略被证实在有意学习条件下对目标词汇的学习更有效。他还发现，各种策略的使用与词汇学习之间存在正相关关系，因此建议在有意学习条件下使用多种策略进行词汇学习会增加取得成功的机会。国内学者也进行了大量的记忆策略研究，均发现背诵短语或课文有助于词汇习得效果的提升（丁言仁、戚焱 2001；刘丹丹、吴艳 2014；赵继政 2008）。重复是记忆策略的一种非常重要的实现手段。克拉佩尔（Klapper 2008：170）指出“经常重复新学的单词是一种显性的词汇学习策略，很多独立的学习者几乎不用思考就能应用这种策略”。

词汇的有意学习研究有助于我们了解在有意学习条件下词汇习得的各种优势，以及词汇的学习策略和习得效果，可为改进教学方法提供实证支持。山本（Yamamoto 2014）采用定量和定性的混合设计方法，以日本一所大学的社会学科专业大一学生为研究对象，调查了基于词表的有意学习对多维词汇知识的习得效果。研究发现基于词表的有意学习不但能够提高学习者的接受性词汇量，还能扩展产出性词汇量。研究表明结构化的学习方法，即系统的日常监控和定期复习词汇，是影响词汇习得效果的重要因素。

综上，给“知道一个词”下定义，应该考虑多方面和多层次的词汇知识。词汇知识是一个多维度的概念，包含宽度知识和深度知识，也包含接受性词汇知识和产出性词汇知识。另外，多数学者把词汇学习的条件分离开来进行研究，如只聚焦接受性/产出性词汇学习，或者有意/附带词汇学习条件，或者词汇学习条件与词汇习得的相关性（Min 2008；Mondria & Wiersma 2004；Webb 2005，2009；龚嵘 2014；吴瑾 2011）。将词汇的多维知识（接受性/

宽度、产出性/深度）和学习条件以及词汇习得效果纳入一个框架，进行系统性研究很有必要。然而，这方面的研究数量太少，急需补充丰富的实证数据，进一步检验有意词汇学习条件对词汇习得的有效性。

11.2　研究目标与方法

11.2.1　研究目标

本研究拟聚焦基于词表的有意学习。词表学习是一种有意学习，主要是指接受性词汇知识的学习，而学习词表和参加词汇测验的过程又涉及产出性词汇知识的学习，因为学生口头和书面都进行了词汇产出。为了准备词汇测验，我们鼓励学习者通过拼写单词和大声朗读单词等方式来输出他们的词汇知识。此外，这些词汇测试还评估了学生对大学通用学术词表词汇的书面形式和意义的理解。因此，本研究旨在通过接受性词汇知识和产出性词汇知识的学习过程来理解在有意词表学习条件下的多维词汇知识习得的效果。

本研究采用定量和定性的混合设计方法，先后回答以下三个问题。

（1）有意词表学习在多大程度上会使学习者习得更多学术词汇的接受性词汇知识、产出性词汇知识和深度知识？

（2）有意词表学习对高、中、低不同水平组的学术词汇知识进步幅度是否存在差异？哪组学习者的进步幅度最大？

（3）学习者在进行词表学习时，会采用哪些类型的词汇学习策略？最有效的策略是什么？

11.2.2　受试

本研究的受试采用便利抽样方法，选取国内一所普通高校的数学专业二年级学生共 60 人。他们每周参加学术英语课程 4 课时，课外学习英语的时间和内容基本相同。根据大学英语四级试卷测评结果，绝大多数受试已达到大学英语四级水平。全部受试均自愿参加教学实验，但有个别受试因为个人原因未全程参与。最终全部完成教学实验且实验数据有效的受试共 54 人，其中男生 30 人，女生 24 人。

11.2.3 研究工具

11.2.3.1 词汇测试

本研究对受试进行了接受性词汇知识测试、产出性词汇知识测试和词汇深度知识测试，用以收集定量数据了解受试的多维词汇知识水平。接受性词汇知识测试采用内申（Nation 1983，1990）开发的 VLT 测试。该测试包含学术词汇部分，共有 5 级水平：①1 000 词水平（高频词）；②2 000 词水平（高频词）；③3 000 词水平（中频词）；④4 000 词水平（低频词）；⑤5 000 词水平（低频词）。测试用的接受性词汇水平选择，基于前人的研究结果（Yamamoto 2014），同时考虑实验用的目标词汇应略高于受试现有水平，才能有效解释词汇习得的进步幅度，最终确定使用 5 000 词水平进行测试。测试形式的举例如图 11.1 所示。

______ a good fit between things, ideas, etc.	a. coherence
	b. directory
______an event when something breaks out from under a surface	c. eruption
	d. induction
	e. template
______bringing somebody new into a group	f. tenet

图 11.1 VLT 测试举例

产出性词汇知识测试采用劳弗和内申（Laufer & Nation 1999）开发的产出性词汇测试卷（Productive Vocabulary Levels Test，PVLT）。该测试共有 5 级水平：①2 000 词水平；②3 000 词水平；③学术词汇水平（4 000 词）；④5 000 词水平；⑤10 000 词水平。测试用的产出性词汇水平选择，基于前人的研究结果（Yamamoto 2014），同时考虑学习者的产出性词汇水平低于接受性词汇水平的实际情况，最终确定使用 4 000 词水平，针对学术词汇进行测试。测试形式的举例如图 11.2 所示。

He has a successful **car**______ as a lawyer.

The thieves threw **ac**______ in his face and made him blind.

To improve the country's economy, the government decided on economic **ref**__________.

图 11.2　PVLT 测试举例

词汇深度知识测试采用帕瑞柏克赫特和韦舍（Paribakht & Wesche 1993）开发的词汇知识量表（Vocabulary Knowledge Scale，VKS）。该测试的理论假设是新单词的学习在各阶段呈线性发展趋势。然而，一些学者指出了该量表的几个弊端。韦布（Webb 2008）认为，学习者在习得接受性词汇知识之前，是有可能习得某些方面的产出性词汇知识的。VKS 量表尽管受到了一些批评，但仍然是本研究中受试词汇深度知识最有效的测量工具，因为本研究的目标不是只测量受试的通用词汇知识，而是测量在教学情境中跟踪特定时间特定词汇知识的早期发展情况（paribakht & Wesche 1997；Read 2000；Schmitt 2010）。

VKS 量表测量特定目标词的接受性词汇知识和词汇发展的回忆能力，即产出性词汇知识。VKS 量表以自我报告形式进行测试，评分者把知识的回忆分为 5 级，从未见过该词（1 分）到能用该词造句（5 分）（表 11.1）。本研究选取的测试词汇不是从大学通用学术词表中随机抽取的，而是选自其中的五级词表的前 60 个词。集中特定级别特定频率的词汇，有助于更好地理解受试在 VKS 量表中测试分数的变化以及每个单词在 VKS 量表水平间的变化。

表 11.1　VKS 量表选项

我从未见过该词。
我见过该词，只是不知道什么意思。
我以前见过该词，我觉得它的意思是______________。（近义词或中文翻译）
我知道该词。它的意思是______________。（近义词或中文翻译）
我能用该词造句。______________________________________

11.2.3.2 半结构访谈

本研究收集部分受试的半结构访谈定性数据，以了解受试在有意词表学习条件下的词汇学习策略。受访者是从前测成绩低分组、中间组、高分组各抽出 2 名受试，共 6 人，具体信息见表 11.2。

表 11.2 受访者信息

编号	化名	性别	词汇水平
学生 1	小力	男	低分组
学生 2	小雪	女	低分组
学生 3	小涵	女	中间组
学生 4	小单	男	中间组
学生 5	小洁	女	高分组
学生 6	小佳	女	高分组

我们采用山本（Yamamoto 2014）的访谈提纲（表 11.3），进行单独的半结构访谈，以确保每个受访者在访谈过程中被问到相同的问题。访谈过程中必要时，还向受访者提出了一些其他的后续问题。

表 11.3 访谈提纲

序号	问题
1	你学习词表的动机是什么？
2	你每天花多长时间学习词表？
3	学习词表时你更关注哪些词汇？
4	你怎样学习词表？如果你使用了卡片、笔记本、词表，那你写下的内容是什么？
5	你学习词汇使用了哪些策略？（多选题） □查英英词典 □查英汉词典 □问其他人 □制作单词卡片 □写出汉语意义 □用汉语写出发音 □写出例句 □写出词性 □写出同义词或近义词 □其他

续表

序号	问题
6	你怎样复习词表？ （什么时候？什么地点？什么方式？多久复习一次？一次复习多长时间？）
7	你尝试使用新学的词汇了吗？如果是，什么时候？怎样使用的？

访谈使用的语言为受试的母语即汉语，以确保每位受访者能够清晰地理解要回答的问题并能清楚地表达自己的看法。所有的访谈都有录音，并转写成文本。汇报访谈数据时，所有受访者均使用化名，以保护受访者个人隐私。

11.2.4　实验程序

整个实验过程历经一学年。我们在 2019 年秋季学期的第一周对受试进行了前测，包括接受性词汇知识测试、产出性词汇知识测试和词汇深度知识测试。根据测试成绩，将受试分为三个水平组：低分组、中间组和高分组。第二周给受试发放了大学通用学术词表五级词表（含英语释义和例句）作为作业，要求课后学习词表并准备参加课堂词汇小测验。

小测验在本研究中是一种显性的有意学习活动，可以在利用词表直接学习词汇的过程中修正和强化学习者的词汇知识，同时也给学习者提供课外学习词表的工具性动机。很多基于外语学习环境的研究都强调为准备测试进行练习的重要性。教师告诉学生即将参加测试，可以不断激发学生努力学习，从而产生积极的反拨作用，让学生的语言运用表现越来越好（Kawauchi 2005；Saito 2008）。这与练习效应（practice effect）假设非常一致，该假设认为，与不练习相比，练习可以使学习者在测试中表现更好（Saito 2008）。

我们将大学通用学术词表五级词汇（607 词）分为 16 个部分，每两周对一个部分进行词汇小测验。测验的题型有三种：单词拼写填空、单词英语释义、单词造句。单词拼写填空考查受试对单词形式的掌握情况；单词英语释义考察受试对词义的理解；单词造句考察受试的语法运用能力。每次测验完毕，受试与同伴交换答案互评，教师就答案进行清晰地讲解。通过这个小测验，可以全面了解受试对接受性和产出性多维词汇知识的习得效果。

2020年春季学期末，对所有受试进行接受性词汇知识测试、产出性词汇知识测试和词汇深度知识测试，测试卷和测试时间与前测均保持一致，以探究在有意学习条件下词表学习对多维词汇知识习得的有效性。测试结束后，对分别来自低分组、中间组、高分组的6位受访者进行了半结构访谈，每位受访者的访谈时间为15分钟。

11.2.5 评分标准

VLT测试考查接受性词汇知识，题型是单项选择，共30题，满分30分。答对1题得1分，答错或不答为0分。PVLT测试考查产出性词汇知识，题型是填空，共18题，满分18分。答对1题得1分，答错或不答为0分。VKS量表考查词汇深度知识，题型是含有近义词或中文翻译的填写和造句，形式为五级量表，实际评分设为已知词汇和未知词汇两大类，共10题，满分60分。按照Paribakht和Wesche（1993）的操作方法，评分标准如下：选择第一个选项“我从未见过该词”得1分；选择第二个选项“我见过该词，只是不知道什么意思”得2分；选择第三个选项“我以前见过该词，我觉得它的意思是______”，如果意思答对，得4分；答错得2分；选择第四个选项“我知道该词。它的意思是______”，如果意思答对，得4分；答错得2分；选择第五个选项“我能用该词造句”，如果句子中该词的语法和语义均出现错误或只有语义错误，得2分；只出现语法错误得5分；语法和语义均正确，得6分。

VLT测试和PVLT测试均属客观题，因此由一名评分员按照测试答案及评分标准进行评分；VKS量表为主观题，由两名评分员独立评分后，对不一致的分数协商讨论达成一致。

11.2.6 数据分析

首先对数据进行清理，剔除奇异值，缺省值用平均值替代。然后，针对每一个研究问题都采用合理的分析方法。第一个研究问题涉及词汇测试，我们采用 SPSS 软件进行定量分析。检验方法为配对样本 t 检验和单因素方差分析。第二个研究问题涉及学习策略，访谈过程转写成文本后，我们对每位受访者的文本数据进行编码，然后采用 Nvivo 12 软件进行定性分析。显著性水平 p 值定为 0.05。效应量的测量指标根据检验方法分别采用 d、r、η^2。测量指标不同，判断效应量的大小标准也不同。本研究采用如下标准：d（绝对值）≥1.0，效应量为极大；≥0.8，效应量为大；≥0.5，效应量为中；≥0.2，效应量为小（Leech et al. 2005）。r（绝对值）≥0.5，效应量为大；≥0.3，效应量为中；≥0.1，效应量为小（Cohen 1988）。η^2（绝对值）≥0.2，效应量为很大；≥0.14，效应量为大；≥0.06，效应量为中；≥0.01，效应量为小（Cohen 1988）。

11.3　定量研究结果与讨论

11.3.1　VLT、PVLT、VKS 的前后测成绩描述

表 11.4 汇报的是受试在 VLT、PVLT、VKS 三项词汇测试的前后测成绩。前测成绩方面，VLT 测试的均值为 14.63，标准差为 4.287；PVLT 测试的均值为 5.00，标准差为 2.028；VKS 量表的均值为 34.33，标准差为 6.559。后测成绩方面，VLT 测试的均值为 28.26，标准差为 2.002；PVLT 测试的均值为 13.78，标准差为 1.766；VKS 量表的均值为 53.85，标准差为 4.114。可以看出，后测成绩在接受性、产出性和深度三个词汇知识维度上均高于前测成绩。这说明在有意词表学习条件的干预下，学习者的学术词汇知识习得取得了进步。

表 11.4　VLT、PVLT、VKS 三项测试成绩的描述性统计结果

阶段	词汇知识测试类型	N	均值	标准差	偏度	峰度
前测	VLT	54	14.63	4.287	0.283	0.321
	PVLT	54	5.00	2.028	0.578	0.137
	VKS	54	34.33	6.559	−0.114	0.225

续表

阶段	词汇知识测试类型	*N*	均值	标准差	偏度	峰度
后测	VLT	54	28.26	2.002	−0.980	0.615
	PVLT	54	13.78	1.766	−0.545	0.537
	VKS	54	53.85	4.114	−0.525	−0.341

从标准差的数值可以发现，无论是前测，还是后测，学习者之间在深度知识的能力发展方面差异最大(6.559、4.114);其次是接受性词汇知识(4.287、2.002);产出性词汇知识方面的差异最小(2.028、1.766)。这些数据还表明，在有意词表学习条件的干预下，学习者之间三个维度的词汇知识能力发展的差异呈缩小趋势。从偏度和峰度的数值来看(均在−1～1)，三项词汇测试的前后测成绩接近正态分布，后续的推断性统计可以采用参数检验方法。

11.3.2 VLT、PVLT、VKS 的前后测成绩对比

前后测成绩的配对样本 *T* 检验结果显示(表 11.5)，三项词汇测试的前后测成绩均呈现显著性差异(p=0.000；p=0.000；p=0.000)。其中，VLT 测试的前后测成绩差异均值为 13.630;PVLT 测试的前后测成绩差异均值为 8.778;VKS 量表的前后测成绩差异均值为 19.519。对 VLT、PVLT、VKS 的前后测成绩的差异均值进行直接比较，不能反映哪个维度的词汇知识进步幅度最大。因此，我们计算了效应量(差异幅度)。结果显示，三项测试的前后测成绩差异均达到大效应量(r=0.913；r=0.928；r=0.910)，其中，PVLT 测试的前后测成绩差异幅度最大(r=0.928)，说明受试在有意词表学习的条件下，产出性词汇知识的进步幅度最大。

表 11.5　VLT、PVLT、VKS 的前后测成绩的配对样本 *T* 检验

测试类型	成对差分					*t*	*df*	*p* (双侧)	效应量 (*r*)
	均值	标准差	均值的标准误	95%置信区间					
				下限	上限				
后测 VLT-前测 VLT	13.630	4.324	0.588	12.449	14.810	23.161	53	0.000	0.913

续表

测试类型	成对差分					t	df	p (双侧)	效应量 (r)
	均值	标准差	均值的标准误	95%置信区间					
				下限	上限				
后测 PVLT-前测 PVLT	8.778	2.508	0.341	8.093	9.462	25.721	53	0.000	0.928
后测 VKS-前测 VKS	19.519	6.303	0.858	17.798	21.239	22.757	53	0.000	0.910

11.3.3　前测总成绩的水平分组及组间差异

对前测的词汇成绩进行分组，目的是了解不同词汇水平的学习者在有意词表学习条件下的词汇知识进步幅度。根据 VLT、PVLT、VKS 三项词汇测试的前测总成绩，受试被分成三组：低分组（18 人）、中间组（18 人）、高分组（18 人）。具体情况如表 11.6 所示。低分组的均值为 43.33；中间组的均值为 54.03；高分组的均值为 64.53。

表 11.6　前测总成绩分组情况

前测总成绩分组	人数	百分比（%）	均值	标准差
低分组	18	33.3	43.33	5.980
中间组	18	33.3	54.03	3.108
高分组	18	33.3	64.53	6.852
总计	54	100.0	53.96	10.291

为检验以上三组的前测词汇知识是否具有显著性差异，我们进行了单因素方差分析（表 11.7）。结果显示低、中、高三组之间的差异达到了显著性水平（p=0.000），且呈现大效应量（η^2=0.720）。

表 11.7　单因素方差分析结果

		平方和	df	均方	F	p	Eta	η^2
前测总成绩* 前测成绩分组	组间　（组合）	4042.954	2	2021.477	65.646	0.000	0.849	0.720
	组内	1570.472	51	30.794				
	总计	5613.426	53					

11.3.4 不同水平组三项测试的前后测成绩对比

表 11.8 汇报的是不同词汇水平组三项测试的前后测成绩描述性统计结果。接受性词汇知识方面，VLT 后测成绩均值最高的是中间组（*M*=29.11），其次是高分组（*M*=28.56），最低是低分组（*M*=27.11）。产出性词汇知识方面，PVLT 后测成绩均值最高的是高分组（*M*=14.17），其次是中间组（*M*=14.00），最低是低分组（*M*=13.17）。词汇深度知识方面，VKS 后测成绩均值最高的是中间组（*M*=54.78），其次是高分组（*M*=54.17），最低是低分组（*M*=52.61）。将后测成绩与前测成绩进行初步对比，可以发现不同词汇水平组的学习者在三项测试方面都取得了不同程度的进步。

表 11.8 不同词汇水平组三项测试的前后测成绩描述性统计结果

测试类型	测试时间	词汇水平	均值	标准差
VLT	前测	低分组	11.11	3.411
		中间组	14.75	2.647
		高分组	18.03	3.648
	后测	低分组	27.11	2.471
		中间组	29.11	1.183
		高分组	28.56	1.653
PVLT	前测	低分组	3.72	1.364
		中间组	4.94	1.626
		高分组	6.33	2.169
	后测	低分组	13.17	2.093
		中间组	14.00	1.680
		高分组	14.17	1.383
VKS	前测	低分组	28.50	5.294
		中间组	34.33	3.010
		高分组	40.17	4.997
	后测	低分组	52.61	4.754
		中间组	54.78	3.671
		高分组	54.17	3.746

为了解不同词汇水平组的学习者在三项测试方面分别取得的进步幅度，我们进行了配对样本 *T* 检验（表 11.9）。结果发现，高、中、低三组的三项测试前后测成绩的差异均具有显著性，且都达到大效应量（r>0.7）。具体来说，接受性词汇知识方面，中间组在 VLT 前后测的成绩差异幅度最大，效应量达到 0.925；其次是低分组，效应量为 0.821；差异幅度最小的是高分组，效应量为 0.745。产出性词汇知识方面，低分组在 PVLT 前后测的成绩差异幅度最大，效应量达到 0.838；其次是高分组，效应量为 0.822；差异幅度最小的是中间组，效应量为 0.819。词汇深度知识方面，低分组在 VKS 前后测的成绩差异幅度最大，效应量达到 0.885；其次是中间组，效应量为 0.870；差异幅度最小的是高分组，效应量为 0.799。综合以上结果可以看出，低分组在词汇的产出性词汇知识和深度知识两个维度的进步幅度都是最大，中间组在词汇的接受性词汇知识维度中的进步幅度最大；高分组在词汇的接受性词汇知识和深度知识两个维度的进步幅度都是最小的。

表 11.9 不同词汇水平组三项测试的前后测成绩的配对样本 *T* 检验

测试类型	水平组	成对差分					*t*	*df*	*p*（双侧）	效应量（*r*）
		均值	标准差	均值的标准误	95%置信区间					
					下限	上限				
后测 VLT－前测 VLT	低分组	16.000	4.563	1.076	13.731	18.269	14.876	17	0.000	0.821
	中间组	14.361	2.412	0.569	13.162	15.561	25.261	17	0.000	0.925
	高分组	10.528	3.867	0.912	8.605	12.451	11.550	17	0.000	0.745
后测 PVLT－前测 PVLT	低分组	9.444	2.526	0.595	8.188	10.700	15.865	17	0.000	0.838
	中间组	9.056	2.600	0.613	7.762	10.349	14.775	17	0.000	0.819
	高分组	7.833	2.229	0.525	6.725	8.942	14.907	17	0.000	0.822
后测 VKS－前测 VKS	低分组	24.111	5.201	1.226	21.525	26.697	19.670	17	0.000	0.885
	中间组	20.444	4.755	1.121	18.080	22.809	18.240	17	0.000	0.870
	高分组	14.000	4.325	1.019	11.849	16.151	13.733	17	0.000	0.799

11.3.5 不同水平组的前后测总成绩对比

表 11.10 汇报的是不同词汇水平组三项测试的前后测总成绩差异情况。

配对样本 *T* 检验结果显示，低、中、高三组前后测总成绩的差异均达到显著性，且达到大效应量（$r>0.7$）。其中，中间组的前后测差异幅度最大，效应量为 0.956；低分组次之，效应量为 0.924；高分组的前后测差异幅度最小，效应量为 0.900。这表明，综合三项词汇测试成绩，中间组的多维词汇知识习得效果最好，比其他两组更受益于有意词表学习。

表 11.10　不同词汇水平组前后测总成绩的配对样本 *T* 检验

水平组		成对差分					*t*	*df*	*p*（双侧）	效应量（*r*）
		均值	标准差	均值的标准误	95% 置信区间 下限	95% 置信区间 上限				
低分组	后测总分 – 前测总分	49.556	8.396	1.979	45.380	53.731	25.041	17	0.000	0.924
中间组	后测总分 – 前测总分	43.861	5.509	1.298	41.122	46.601	33.780	17	0.000	0.956
高分组	后测总分 – 前测总分	32.361	6.435	1.517	29.161	35.561	21.337	17	0.000	0.900

11.3.6　讨论

本研究发现学习者在有意词表学习的条件下，在学术词汇的多维知识方面，包括接受性词汇知识、产出性词汇知识和深度知识，均有显著性大幅提升。学界一直对显性学习和隐性学习以及有意学习和附带学习等条件的相对有效性存在争议（高新华 2010；盛仁泽 2012）。本研究通过一学年的教学实验表明，显性教学，尤其是有意词表学习，不仅能够从接受性词汇知识的习得视角彰显其教学优势，还能够从产出性词汇知识和深度知识方面提升多维词汇习得效果。

这一结果与山本（Yamamoto 2014）对日本大学生的研究结果部分相同。山本（Yamamoto 2014）的研究发现接受性词汇知识和产出性词汇知识的进步幅度达到显著性，而深度知识未达到。在本研究中，学习者的产出性词汇知识进步幅度最大，其次是接受性词汇知识，最后是深度知识。这说明词汇的深度知识提升与其他两个维度的知识相比较为困难，可能需要的学习时间更长。

在不同词汇水平组的进步幅度方面，本研究发现高、中、低三组的多维词汇知识前后测分项成绩的差异均达到显著性水平，且呈现大效应量。接受性词汇知识方面，中间组在 VLT 前后测的成绩差异幅度最大，其次是低分组，差异最小的是高分组。产出性词汇知识方面，低分组在 PVLT 前后测的成绩差异幅度最大，其次是高分组，差异幅度最小的是中间组。词汇深度知识方面，低分组在 VKS 前后测的成绩差异幅度最大，其次是中间组，差异最小的是高分组。这表明，中低词汇水平的学习者更受益于有意词表学习，他们在词汇的多维知识习得上表现更好、进步更快。

本研究还发现，高、中、低三组的多维词汇知识前后测总成绩的差异均达到显著性水平，且呈现大效应量。比较而言，中间组的前后测差异幅度最大，低分组次之，高分组最小。这表明，综合三项词汇测试成绩，中间组的多维词汇知识习得效果最好，比其他两组更受益于有意词表学习。

结合三个词汇水平组的前后测分项成绩和总成绩分析，中间组和低分组的学习者受益于有意词表学习的幅度大于高分组。这一结果不难理解，原因之一就是，在本研究中不同词汇水平组的词汇学习目标是相同的，而学习者的原有词汇水平是不同的，因而导致中间组和低分组的学习者有较大的学习空间和提升空间，而高分组的学习者已知词汇量大，在与中间组和低分组学习相同的词表时，学习空间相对较小，提升的空间随之变窄，因此进步幅度不如中间组和低分组。尽管高分组学习者更加努力、竞争力更强（Slavin 1987; Schofield 2010），词汇学习中的高限效应（ceiling effect）不可避免。蔡宏文（2013）对听力分班教学的进步幅度的研究结果表明，如果将高水平学习者单独分班，设定比中、低水平学习者更高的学习目标和学习任务，他们的进步幅度会显著大于在不分班的学习效果。因此，为了让高分组学习者最大化受益于词表学习，未来研究可以基于克拉申（Krashen 1981）的语言输入假设，给高分组单独增加一点学习任务，其难度更接近“$i+1$”的水平，即比他们的现有水平稍高一点。

11.4 定性研究结果与讨论

11.4.1 受访者三项测试的成绩变化

定性研究的结果来自访谈数据。表 11.11 呈现的是 6 名受访者在三项词汇测试（VLT、PVLT、VKS）的成绩变化。

接受性词汇知识方面，低分组的小力同学和小雪同学在前测中分别掌握 20%和 23%的词汇，后续的学习提升空间很大。在后测中，两位同学的分数均高出前测 22 分，成绩分别提高 73%和 73%，提升幅度非常大。中间组的小涵同学和小单同学在前测中分别掌握 47%和 53%的词汇，后续的学习提升空间也不小。两位同学的后测成绩分别高出前测 15 分和 13 分，成绩分别提高 50%和 44%，提升幅度较大。高分组的小洁同学和小佳同学在前测中已经掌握 67%和 73%的词汇，后续的学习提升空间相对较小。两位同学的后测成绩分别高出前测 10 分和 4 分，成绩分别提高 33%和 14%，与低分组和中间组的同学相比，提升幅度较小。

表 11.11 受访者 VLT、PVLT、VKS 的测试成绩变化

编号	受访者	词汇水平	VLT		PVLT		VKS	
			前测/后测	分数变化	前测/后测	分数变化	前测/后测	分数变化
学生 1	小力	低分组	6/28	+22	3/13	+10	24/51	+27
学生 2	小雪	低分组	7/29	+22	2/14	+12	19/47	+28
学生 3	小涵	中间组	14/29	+15	3/14	+11	34/58	+24
学生 4	小单	中间组	16/29	+13	5/16	+11	37/53	+16
学生 5	小洁	高分组	20/30	+10	9/15	+6	48/54	+6
学生 6	小佳	高分组	22/26	+4	8/15	+7	38/56	+18

产出性词汇知识方面，低分组的小力同学和小雪同学在前测中分别掌握 17%和 11%的词汇，后续的学习提升空间很大。在后测中，两位同学的分数分别高出前测 10 分和 12 分，成绩分别提高 55%和 67%，提升幅度非常大。

中间组的小涵同学和小单同学在前测中分别掌握 17%和 28%的词汇，后续的学习提升空间较大。两位同学的后测成绩均高出前测 11 分，成绩均提高 61%，提升幅度较大。高分组的小洁同学和小佳同学在前测中已经掌握 50%和 44%的词汇，后续的学习提升空间也较大。两位同学的后测成绩分别高出前测 6 分和 7 分，成绩分别提高 33%和 39%，与低分组和中间组的同学相比，提升幅度较小。

词汇深度知识方面，低分组的小力同学和小雪同学在前测中分别掌握 40%和 32%的词汇，后续的学习提升空间较大。在后测中，两位同学的分数分别高出前测 27 分和 28 分，成绩分别提高 45%和 47%，提升幅度较大。中间组的小涵同学和小单同学分别掌握 57%和 62%的词汇，后续的学习提升空间也不小。两位同学的后测成绩分别高出前测 24 分和 16 分，成绩分别提高 40%和 27%，提升幅度较大。高分组的小洁同学和小佳同学在前测中已经掌握 80%和 63%的词汇，后续的学习提升空间相对较小。两位同学的后测成绩分别高出前测 6 分和 18 分，成绩分别提高 10%和 30%，与低分组和中间组的同学相比，提升幅度差异不大。

11.4.2　受访者使用的词汇学习策略

访谈数据表明，不论受访者的原有词汇知识处于何种水平，他们在回忆自己是如何学习词表时，均表示最常用的学习策略是记忆。这一结果与前人的研究结果一致（如 Klapper 2008；Nakamura 2002；Saito 2008）。记忆是指专注于“存储和检索过程”的策略（Rubin 1987：24）。受访者也意识到记忆对于语言学习，尤其是词汇学习的重要性。小雪同学提到：“我会制作单词卡片，有意识的记忆单词，这样可以帮我快速掌握一个单词。只有不断地记忆，才能让我积累大量的词汇。”

受访者的另一种常用策略是重复，具体包括视觉重复（阅览词表）、口语重复（发声朗读）和书面重复（单词拼写）。在本研究中，受访者均认为不断重复所学单词是词汇学习的重要内容。中间组和高分组的受访者在学习词表时，会大声朗读目标单词并反复拼写单词。小单同学说：“我喜欢用电子词典来学习单词的发音，同时一边写一边大声朗读，这样重复多遍，我就可以把单词记得很牢。”这与前人的研究结果基本一致，如顾和约翰逊（Gu & Johnson 1996）的研究发现，在所使用的重复策略中，中高级学习者倾向使用产出性的重复策略（口语重复和书面重复）而不是接受性的重复策略（视觉重复）。这是因为重复练习在语言学习中起着重要作用，可以增强学习者的记忆，并培养语言产出的自动性（Saito 2008）；还可以提高学习者词汇知识习得的质量和强度（Nation 2001）。

访谈数据还显示，受访者在策略使用上存在个体差异。没有一个受访者只使用一种策略，有些受访者使用多种策略。例如，将记忆词根与单词来源联系起来学习词汇。小洁同学说道：“对于较长的单词，我会查找单词的来源、前缀和后缀。”此外，受访者还倾向阅读词典中的所有例句，以便在上下文中看到这个词（如小单同学）。

小佳同学在本研究中是最成功的词汇学习者。她分享了很多对自己有用的词汇学习策略。第一，她表示自己在学习词汇方面比较主动，每天都会花半个小时学习新单词，学习词表时较为关注动词和形容词，注重定时复习。第二，她喜欢做单词卡片，记下音标、释义等关键信息。她还查阅英英词典和英汉词典尝试制作自己的词表，给自己设定学习目标。词表内容包含生词、音标、释义、例句、关联词汇（不同词性、搭配等）、近义词、反义词等。第三，她喜欢反复读例句，以增强词意的理解，而且在英语会话和写作中大胆尝试使用新学的词汇。可以看出，较强的学习动机、方法多样的学习策略、注重复习和使用等是词汇学习成功者的主要特征。这些发现与前人的研究结果一致（如 Gu & Johnson 1996；Kojic-Sabo & Lightbown 1999；Mukoyama 2004）。

小力同学在本研究中是低分组的词汇学习者。通过访谈，可以了解到，他在词汇学习方面不够主动，通常是老师要求做什么才会去做。学习词表时，他只是对生词标注发音，记下单词拼写，用英汉词典查下汉语翻译。他认为检索英英词典太慢，而且意思也不是很清楚。他表示学习词汇还有一个困难，就是学过的词汇易忘，找不到好的学习办法。可以看出，学习动机不强、学习策略单一、只注重词汇形式、忽略词汇意义的语境运用是低分组学习者的特征。

11.4.3　讨论

可以看出，受访者在有意词表学习中比较依赖记忆和重复，很多前人的研究也有类似的发现（如 Jiang & Smith 2009；Mizumoto 2010；Nakamura 2002）。这可能是受到了学习理念、学习环境和社会文化的影响。在本研究中，多数受访者认为不断重复和大量记忆对词汇学习非常重要，因此，在大学阶段继续沿用中学时期的词汇学习方法，反复读反复背。小涵同学说道："我在上高中时，老师就经常让我们在短时间内记住好多单词，虽然有压力，但是同学们都很努力，我就跟着大家一起，大声读，反复写，我感觉这种方法还不错，词汇量确实增长很多。"

整合以上访谈数据，学习者在有意词表学习时，使用的学习策略可以概括为如下几点：一是在学习词表时，学习者最常用的策略是记忆和重复；二是受访者在策略使用上存在个体差异，没有一个受访者只使用一种策略，有些受访者使用多种策略；三是成功的词汇学习者和不成功的词汇学习者使用不同的学习策略。本研究验证了前人研究（Barcroft 2009）的发现，即记忆策略在有意学习条件下对目标词汇的学习更有效，而且多种不同策略的高质量使用更有助于成功习得学术词汇。

11.5　教学启示

本研究的结果对学术词汇教学实践有着重要的启示。为了充分发挥有意词表学习的优势，本研究认为学习者的词汇学习方法非常重要。采取结构化的方法，建立一套系统的词汇监控和复习程序，是影响学习者词汇学习效果的重要因素。换言之，运用系统的、策略性的、多种多样的词汇学习方法，可以使学习者有效习得多维词汇知识。施米特（Schmitt 2010：91）指出，"学习者在尝试改进自己的学习过程中付出了创造性的努力，这一事实使他们成为策略性的学习者"。建议学术英语教师在学术词汇教学中，注重培养学习者如何在自己的学习过程中扮演积极的角色，从而成为独立自主的学习者。正如曲萨博和莱特鲍恩（Kojic-Sabo & Lightbown 1999：190）坚持的观点："成功取决于策略使用的质量，而不是单纯的数量。"

此外，本研究还发现有意词表学习对低分组、中间组、高分组三个词汇水平组的学习者均有较大益处。学者已经注意到显性词汇教学的重要性（如 Nation 1990）。尽管一些研究表明大多数低频词（即学术词汇）的学习是偶然发生的（Decarrico 2001；Nagy et al. 1985；Paribakht & Wesche 1997）。然而，本研究表明词表学习是一种非常有效的词汇学习工具，可以较大幅度地促进低频词的习得。

因此，从实践教学的角度来看，教师应该考虑将词表学习纳入学术英语课程，以有效培养学生的接受性和产出性词汇知识，以及词汇深度等多维词汇知识能力。为了进一步扩大词汇量和增强保持记忆，教师讲授词汇学习策略和学生采用系统的学习方法都是至关重要的。此外，还应该让学生在多种语言学习情境中接触到相同的单词，比如在有上下文语境、无上下文语境和以产出为导向的任务中练习单词。

本研究存在一些局限。第一，研究范围有限，只考查了接受性词汇知识与控制性的产出性词汇知识。未来研究可进行不同内容的词汇测试，关注单词知识的不同方面，如单词的形式、单词的意义、单词的使用，以及开放性的产出性词汇知识，即写作中的词汇运用。目的是了解学习者会如何根据词汇测试的内容改变他们的学习策略。第二，样本量较小。未来研究需扩大样本，同时可建立一个对照组。通过分析这些数据，可以更充分和更深入地了解词汇习得与词汇学习策略的关系。

11.6 小　结

学术词表是学习学术词汇最基本也是最常见的一种工具，然而，词表学习对词汇知识习得的影响研究却未得到学者的重视。鉴于此，本研究调查了利用大学通用学术词表进行显性词汇教学的效果，选取国内一所普通高校的数学专业二年级学生共 54 人作为研究对象，采用定量与定性的混合设计方法，进行了为期一学年的教学实验研究。数据来源包括接受性词汇知识测试、产出性词汇知识测试、词汇深度知识测试，以及半结构访谈。

通过对前测和后测成绩以及访谈数据的分析，本研究发现：第一，学习者在有意词表学习的条件下，在学术词汇的多维知识方面，包括接受性词汇知识、产出性词汇知识和深度知识，均有显著性大幅提升。比较而言，三个维度的知识中，学习者的产出性词汇知识进步幅度最大，其次是接受性词汇知识，最后是深度知识。第二，高、中、低三组的多维词汇知识能力均有大幅提升，比较而言，中、低分组的学习者更受益于有意词表学习，他们在学术词汇的多维知识习得上表现更好、进步更快。第三，学习策略方面，在学习词表时，学习者最常用、最有效的策略是记忆和重复；受访者在策略使用上存在个体差异，没有一个受访者只使用一种策略，有些受访者使用多种策略；成功的词汇学习者和不成功的词汇学习者使用不同的学习策略，前者更注重策略的使用质量，而后者偏向单一的策略使用。本研究的结果对学术词汇教学实践有着重要的启示。

第12章

对未来研究的展望

本书在评述国内外学术词表相关研究的基础上，结合《中国英语能力等级量表》对学术词汇的能力要求，详细阐述和构建了大学通用学术词表的理论框架和创建方法。新研发的大学通用学术词表由 1 个主词表和 6 个子词表构成，经效度验证，该词表具有较强的可靠性、合理性和适用性。本书还从语料库语言学、二语习得等多个视角探讨了大学通用学术词表在教学领域、测试领域和研究领域的应用。总体来说，本书开拓了学术词表与《中国英语能力等级量表》对接的研究领域，但还存在一些不足。本章针对这些不足，探究未来研究的新方向：扩展学术词表的创建类型；创新学术词表的研发范式、方法与内容；完善学术词表与《中国英语能力等级量表》的对接；挖掘学术词表的应用价值。

12.1 扩展学术词表的创建类型

学界认为，词汇是单词和短语的总和，既包含一种语言里出现的所有单词或在特定范围使用的单词，还包含与这些单词相关的固定短语。对词汇的掌握可以分为两个维度：词汇知识和词汇能力（Henriksen 1999；Schmitt 1998；Vanniarajan 1997）。这些研究者认为词汇知识由以下几个要素组成：①形式，即发音和拼写；②词义，即词义的联想知识，包括反义词、同义词、下义词、上义词等；③语法行为，即一个词的词类、屈折词缀、派生词缀、句法形式等；④搭配，即固定搭配和非固定搭配；⑤使用频率，即形符和类符；⑥语体风格，即口头语体和书面语体，前者包括谈话和演说，后者包括文学、科技、学术、事务等；⑦使用语域，即词汇使用的领域和语境，如学术用语、广告用语、演说用语、课堂用语、办公用语、家常谈话等。词汇能力由接受性能力和产出性能力两种能力组成。以上关于词汇的理论认识，对学术词表的创建有着重要的启示意义。

12.1.1　程式语词表的创建

鉴于词汇知识涵盖多个要素，学术词表的类型也应多样。目前国内外学界已有的学术词表以单词词表为主，聚焦词汇搭配的词表数量还比较少，国内更是鲜有出现。搭配是一种多词结构，这种语言现象介于词汇和语法之间，与习语、复现词丛、语块、短语等共同归属于程式语范畴（Biber 2006；Wray 2000）。程式语的使用在语言习得领域，被认为是语言能力发展的一项重要测量指标（Ellis et al. 2008；Wray 2002）。提升程式语的使用能力可以促进学习者口语、翻译和写作的语言流利性（Hyland 2008；王建华 2016），还可以帮助学习者拓展各类语体知识，从而提升整体写作水平（AlHassan & Wood 2015；Cai 2016）。

从词汇知识的维度来看，学术词表的类型应包括单词词表和程式语词表。程式语词表的创建也是一些教学相关理论不断发展的要求，如语言教育、语料库语言学、认知科学、二语习得、学术英语教学等理论（Simpson-Vlach & Ellis 2010）。语言教育领域的研究和实践表明，学术研究使学生面临巨大的语言挑战，因为学术语境对语言水平的要求要显著高于日常人际交流中的语言技能要求。近年来，语料库语言学在分析口头和书面学术语篇方面的研究发现，那些重复出现的程式语不仅具有显著的语言特征，而且发挥重要的语法和修辞功能。认知科学的研究表明，掌握程式语对流畅的语言加工至关重要。二语习得和学术英语教学领域的最新研究趋势也要求语言教学的生态有效性，即识别和优先考虑不同语体中最重要的程式语。

本书研究出的大学通用学术词表，严格意义上讲属于单词词表，未收录包含各类词汇搭配的程式语。目前学界对学术程式语词表的研发已有近 20 年的历史（如 Stubbs & Barth 2003）。已有的学术程式语词表收录了在学术英语领域常用的短语、搭配、惯用语和词法等（Ackermann & Chen 2013；Biber 2009；Durrant 2009；Green 2019；Lei & Liu 2018；Liu 2012；Simpson-Vlach & Ellis 2010；Vincent 2013），给学术英语教学实践提供了必要的指导和参考。然而，程式语词表的创建还存在以下问题：由于所依托的语料库规模、类型以及选词方法等的限制，收词不够全面、词形单一、结构松散。例如，辛普森-弗拉赫和埃利斯（Simpson-Vlach & Ellis 2010）的 AFL 词表只收录了 3～5 词的高频学术程式语；雷和刘（Lei & Liu 2018）的学术英语搭配词表只收录了 2 词搭配。

因此，未来研究需整合现有的程式语词表，并加大通用学术程式语词表的研发和创建，尤其是能够与《中国英语能力等级量表》对接、适用于我国学术英语教学实践的程式语分级词表。

12.1.2 产出性学术词表的创建

出于教学和研究的目的，词汇知识通常被分为接受性词汇知识和产出性词汇知识，前者是被动的获得，而后者是主动的获得。这种二分法有着重要的生态效度。事实上，每个语言教师都有过这样的经历，即学习者在听读过程中能够理解的词汇，在口头表达和书面写作中却不能使用。大量研究也表明学习者的接受性词汇知识多于产出性词汇知识，且两者差距较大（Fan 2000；Laufer & Paribakht 1998）。词汇学家认为造成这么大的差距，一是因为缺乏普遍认同的接受性词汇和产出性词汇的概念框架；二是因为接受性词汇与产出性词汇的测试结果相互依赖（Schmitt 2010）。这两个维度的知识不能同步同量获得，而且产出性词汇知识明显落后于接受性词汇知识，这些问题引起了学界的关注，越来越多的学者开始重视产出性词汇知识的习得问题。

梅尔卡（Melka 1997）提出了一个假设：接受性词汇与产出性词汇的知识习得基于一个连续统，且随着学习内容的增多和深入，接受性词汇知识会转成产出性词汇知识。如果这一假设成立，接受性词汇转向产出性词汇的阈值是多少，这一问题很难解答（Read 2000）。有学者还提出了另一种可能性，即接受性词汇向产出性词汇转化是单词整合到心理词库中的方式发生根本性变化的结果（Meara 1997）。事实上，学习者能够在较短的时间和较少的输入条件下有效习得产出性词汇，比如利用词表进行学习（Schmitt 2010）。因此，通过词表有意识地进行产出性词汇学习，也是获得产出性词汇知识的一种方式。

综上，考虑到词汇知识的维度、词汇知识的习得规律，以及词汇知识的教学效果等，学术词表的类型还应包括接受性学术词表和产出性学术词表。本书研究出的大学通用学术词表，因为是基于 COCA 学术语料库中各学科学术期刊论文文本，严格意义上讲属于接受性词表，因此，未来研究需基于优秀学习者的学术产出文本语料库，开展产出性学术词表的研发和创建，为产出性词汇的教学和测试提供明确具体的目标词汇等有益的参考和借鉴。

12.1.3　口语词表的创建

通用学术词表（如 Coxhead 2000；Gardner & Davies 2014）一般都是基于书面学术英语语料库开发的。然而，一些学者的研究发现，AWL 词表（Coxhead 2000）在学术演讲中的词汇覆盖率约为 4%，而在学术写作中的词汇覆盖率约为 10%（Dang & Webb 2014；Thompson 2006）。这表明基于书面学术英语语料库的通用学术词表可能不能充分代表口语学术词汇。毛拉宁（Mauranen 2004）对一位经验丰富的口语教师及其学术英语课程进行的实验表明，教师和学生都认为在书面学术文本中常见的词汇在学术演讲中也很常见，但这些词汇很少出现在学术英语口语语料库中。辛普森-弗拉赫和埃利斯（Simpson-Vlach & Ellis 2010）比较了他们创建的书面学术程式语词表和同等的口语程式语词表，发现它们之间只有 29.07%的重叠率。词法（lexicogrammar）的相关研究也报告了学术演讲和学术写作具有明显的语言特征差异（Biber 2006；Biber et al. 2002）。综上所述，基于学术英语书面语料库创建的词表可能无法全面地收录学术口语中的通用学术词汇，因此有必要基于学术英语口语语料库创建单独的通用学术口语词表。

目前，学界基于学术英语口语语料库创建的通用学术口语词表数量较少。内西（Nesi 2002）编制了一份由单个单词组成的学术口语词表，但没有对该词表的编制和验证进行说明，也没有关于其中所收录词汇的详细信息。辛普森-弗拉赫和埃利斯（Simpson-Vlach & Ellis 2010）的学术口语词表是专门针对多词结构而创建的学术程式语口语词表。该词表很有价值，因为多词结构的知识对于语言流利性的发展是必不可少的（Simpson-Vlach & Ellis 2010）。然而，对单个单词的了解也很重要，因为它为语篇中多词结构的习得提供了有益支持。党等（Dang et al. 2017）基于 1 300 万词的学术口语语料库创建了 ASWL 词表。该词表共收录 1 741 个词族，分为四个级别，合起来的覆盖率可以达到 90%，高于 AWL 词表（4%）和 AVL 词表（24%）的覆盖率。总体来说，ASWL 词表（Dang et al. 2017）的创建方法科学严谨，是学界第一个针对学术领域口语使用的高质量词表。

然而，任何词表都有其适用对象，如词表需要适合使用者的水平等特征（Nation 2016）。因此，ASWL 词表对中国大学生英语学习者的适用性仍有待验证。本书研究出的大学通用学术词表所依托的是学术英语书面语料库，收录的词汇也不能充分代表学术口语中高频使用的词汇。综上，学界可以在 ASWL 词表的基础上，创建适用于我国大学生且与《中国英语能力等级量表》对接的学术口语词表，助力学习者提升学术英语话语表达能力和整体学术素养。

12.2 创新学术词表的研发范式、方法与内容

社会的飞速发展必将带动语言的变化，尤其是专门用途英语和学术用途英语。再加上技术的大幅进步，学术英语词表在研发范式、方法和内容三个方面将会不断更新与完善。

第一，在研发范式方面，“具体词网驱动”将会是未来创建学术词表的一种重要范式，也是研发相关教材的一种新范式（金檀等 2019）。该范式运用心理语言学的词汇网络理论（Pease et al. 2008），围绕特定话题选取语义和

形态相关的词汇构建词汇网络，形成话题词表。学者需要思考学术英语词网的构建方式，即如何将学术词汇的语义关联起来，形成词汇网络；并基于此方式创建能够指导学习者通过产出性任务提升灵活运用学术词汇的能力。

第二，在方法方面，使用词元和标注词性将是未来创建学术词表必要的呈现方式。刘迪遴、雷蕾（2020）认为词表如果不以词元展现单词而使用词族，可能会导致学习者的学习负担增大，尤其是数量众多、意义复杂的派生词；还会降低词表的表面效度。另外，他们还认为词表如果不区分收录单词的词性，该词的词义就不清晰，甚至大相径庭，会误导词表使用者。因此，使用词元和标注词性可在方法上助力学术词表的创建发展，以便适度减轻词表使用者的认知负荷，保证词表的表面效度，并提升词表的内容效度。

第三，在内容方面，多模态词表将会是未来创建学术词表的一个新方向。这里的多模态（multimodality）就是指人类将多种感官融合，即通过文字、语音、视觉、动作、环境等多种方式进行语言交流和词汇学习。为了采用整体性的方法分析人类的社会行为，诺里斯（Norris 2019）提出了多模式交互行为方法［multimodal (inter)action analysis］。这种方法针对性强、适用对象广，且易于传授和学习，在多模态话语分析领域做出了重要学术贡献。诺里斯（Norris 2019）还建议利用多模态数据，结合图片、视频、音频等资源创建多模态词表。国内学者（金檀等 2019）也预测，基于互联网研制线上多模态词表将会是词表创建的未来发展方向，从而帮助学习者随时随地学习学术词汇。

多模态词表的创建首先需要基于使用者的学习需求，设定创建目标；其次收集筛选多模态数据，并攻克一些技术难关。与传统文本形式的词表相比，多模态词表有明显优势。多模态词表更加关注词汇学习的认知心理过程，同时还增加了词汇学习的趣味性和实用性，词汇学习不再枯燥无味，也不再受时空限制。

12.3　完善学术词表与《中国英语能力等级量表》的对接

对接研究是《中国英语能力等级量表》的重要研究话题之一。国内外各种英语水平考试与量表对接，可以从宏观、中观和微观三个层面产生较为积极的效应。例如，对接项目可促进“国家外语教育现代化、国际化发展”；助力“教学改进及成绩使用机构合理决策”；提升“学生自主学习能力培养及教师专业能力发展”（吴莎 2019：672）。总体来说，考试与《中国英语能力等级量表》的对接研究对社会、学术和个人的发展均有毋庸置疑的重要意义，有助于深入地解读测试成绩与语言能力的标准，并提升测试与能力标准的效度。

词表是英语水平考试的测评内容和效度验证的重要参考，因此需要与不同等级的英语水平考试对接。也就是说，对词表进行分级以适配相应等级的考试。鉴于各级各类英语水平考试与《中国英语能力等级量表》对接带来的正面效应，本研究已从《词汇知识运用能力量表》的修订和词表的分级两个方面初步探讨了大学通用学术词表与《中国英语能力等级量表》的对接问题。未来研究需要继续探讨大学通用学术词表对接《中国英语能力等级量表》的方法和步骤，并完善对接研究的效度验证。大学通用学术词表与《中国英语能力等级量表》的对接研究可以为国内各级各类英语水平考试，尤其是学术英语能力考试与《中国英语能力等级量表》的对接研究提供一些有益的借鉴和参考。

12.4 挖掘学术词表的应用价值

学术词表的应用研究在外语学界极为匮乏，本书弥补了这一不足。本书探索了通用学术词表在多个领域的应用，包括学术英语教学、学术英语测试、软件开发、词典编纂、文本覆盖率研究、多维词汇习得研究等。这些应用研究表明，学术词表是学术英语的教学、测试、词典编纂以及软件开发领域的重要资源，可提供具体的学习目标和准确的词汇数据，有助于帮助教师改进课程设计和教学方法，提高教材编写质量和词汇测试效度，修订、完善学术词典。以上研究结果为学术词表的应用研究搭建了全新的理论框架，积累了丰富的实证数据，提供了可借鉴的研究基础。

然而，学术词表的应用研究还有很多空间和内容需要开拓和深挖。例如，如何应用学术词表实现学术英语教学的有效性和创新性？如何利用学术词表开发高质量的分级学术词汇测试？如何利用学术词表开发课外学术阅读资源？如何利用学术词表研发学术写作自动评分系统？如何利用学术词表促进学习者的接受性/产出性学术词汇习得？这些都是未来学术词表应用研究的方向。

另外，学术词表是一种重要的教学资源，学术英语教学离不开它。随着语言教学理论、词表研发技术和网络技术等的快速发展，新的词表会不断诞生。词表的更新会触发学界开展相应的词表应用研究来指导相关学者、一线教师以及学生们如何使用词表。因此，学术词表的应用研究在学术英语教学领域具有不可或缺的指导作用，学术词表的应用价值需要外语学界的同仁持续挖掘。

12.5　小　　结

综上，学术词表研究大有可为、未来可期。未来研究的新方向包括但不限于：扩展学术词表的创建类型、创新学术词表的研发范式、完善学术词表与《中国英语能力等级量表》的对接、挖掘学术词表的应用价值等。扩展学术词表的创建类型方面，可重点探索学术程式语词表、产出性学术词表、学术口语词表等的研发与创建。创新学术词表的研发范式方面，“具体词网驱动”以及使用词元和标注词性将会是未来学术词表创建的重要范式和方法；同时，多模态词表将会是未来学术词表创建的新内容。完善学术词表与《中国英语能力等级量表》的对接方面，未来研究需继续探讨大学通用学术词表对接《中国英语能力等级量表》的方法和步骤，并完善对接研究的效度验证。挖掘学术词表的应用价值方面，未来研究需继续探索学术词表在学术英语教学与测试、软件开发、学术词汇习得等领域的应用原则、实操方法及应用效果，有针对性地解决利用学术词表进行教学、测试、研发、研究等学术活动所遇到的各种难题。

参考文献

白玲, 冯莉, 严明. 2018. 中国英语笔译能力等级量表的构念与原则[J]. 现代外语, (1): 101-110.

蔡宏文. 2013. 分班教学对英语听力进步幅度的效应[J]. 现代外语, (3): 301-307.

蔡宏文. 2019. 产出型语言考试与语言标准对接的效度问题——概推性与一致性[J]. 现代外语, (5): 709-721.

蔡基刚. 2014. 学业用途英语、学术用途英语及优质外语教育[J]. 外语电化教学, (3): 3-8.

蔡基刚. 2018a. 中国高校实施专门学术英语教学的学科依据及其意义[J]. 外语电化教学, (1): 40-47.

蔡基刚. 2018b.《中国英语能力等级量表》科学性和适切性研究[J]. 外语研究, (5): 39-44.

蔡基刚. 2019. 以项目驱动的学术英语混合式教学模式建构[J]. 解放军外国语学院学报, 42(3): 39-47.

崔艳嫣, 王同顺. 2006. 接受性词汇量、产出性词汇量与词汇深度知识的发展路径及其相关性研究[J]. 现代外语, (4): 392-400.

大学英语教学大纲词表调整工作组. 1993. 大学英语教学大纲通用词汇表（1—4 级）[M]. 上海: 上海外语教育出版社.

大学英语教学大纲词表调整工作组. 1996. 大学英语教学大纲通用词汇表（5—6 级）[M]. 上海: 上海外语教育出版社.

丁研, 蒋学清. 2015. 高校通用学术英语教材的出版与开发[J]. 科技与出版, (12): 100-103.

丁言仁, 戚焱. 2001. 背诵课文在英语学习中的作用[J]. 外语界, (5): 58-65.

方绪军, 杨惠中. 2017. 语言能力等级量表的效度及效度验证[J]. 外国语, (4): 2-14.

方绪军, 杨惠中, 朱正才. 2008. 制定全国统一的语言能力等级量表的原则与方法[J]. 现代外语, (4): 380-387.

冯莉, 严明. 2018. 从中国英语笔译能力等级量表研制看语言能力描述的本体论、认识论和方法论问题[J]. 外语界, (1): 2-10.

高新华. 2010. 英语词汇有意学得与附带习得二元统一的研究[J]. 山东外语教学, (5): 55-59.

龚嵘. 2014. 大学生学术英语词汇产出能力发展研究[M]. 上海: 上海交通大学出版社.

辜向东, 李志芳. 2009. 从“英语教学大纲”到“英语课程标准”的词表过渡方案研究[J]. 课程·教材·教法, (3): 46-51.

郭凯, 金檀, 陆小飞. 2018. 文本难度调控的研究与实践——从可读公式、多维特征到智能改编[J]. 外语测试与教学, (3): 35-43.

韩宝成. 2006. 国外语言能力量表述评[J]. 外语教学与研究, (6): 443-450.

韩宝成, 黄永亮. 2018. 中国英语能力等级量表的研制——语用能力的界定与描述[J]. 现代外语, (1): 91-100.

何莲珍. 2018. 从引介到创新：中国应用语言学研究四十年[J]. 外语教学与研究, (6): 823-829.

何莲珍. 2020. 新时代大学英语教学的新要求——《大学英语教学指南》修订依据与要点[J]. 外语界, (4): 13-18.

何莲珍, 陈大建. 2017. 中国英语能力等级量表结构探微——听力描述语的横向参数框架与纵向典型特征[J]. 外语界, (4): 12-19.

何莲珍, 张慧玉. 2017. “中国英语能力等级量表”的语言经济学分析[J]. 外语教学与研究, (5): 743-753.

黄人杰. 1989. 新编科技英语分级词表[M]. 上海: 上海交通大学出版社.

黄源深. 2011. 大学英语阅读课应该抓什么？——兼谈《阅读教程》(第五至八册)的编写思路[J]. 外语界, (2): 5-10.

贾贻东, 武尊民. 2019. 中国英语能力等级量表的组构学习策略量表框架研究[J]. 外语界, (4): 32-40.

教育部高等教育司. 2007. 大学英语课程教学要求[M]. 北京: 高等教育出版社.

教育部高等学校大学外语教学指导委员会. 2020. 大学英语教学指南(2020 版)[M]. 北京: 高等教育出版社.

教育部考试中心. 2018. 中国英语能力等级量表[S]. 北京: 高等教育出版社/上海: 上海外语教育出版社.

揭薇. 2019. 英语口语考试与中国英语能力等级量表对接研究——以 CET-SET 4 为例[J]. 外语界, (1): 71-80.

揭薇, 金艳. 2017. 口语能力描述语的语体分析：基于中国英语能力等级量表的研究[J]. 外语界, (2): 20-28.

金檀, 刘康龙, 吴金城. 2019. 学术英语教材词表的研制范式与实践应用[J]. 外语界, (5): 21-29.

金檀, 陆小飞, 郭凯, 等. 2018. 英语阅读分级指难针[DB/OL]. https://languagedata.net/tester [2020-03-16].

金艳，揭薇. 2017. 中国英语能力等级量表的“口语量表”制定原则和方法[J]. 外语界, (2): 10-19.

金艳，揭薇. 2020. 语言能力量表的应用与后效研究——以 CSE 口语量表为例[J]. 外语界, (3): 52-60.

雷新勇. 2011. 基于标准的教育考试——命题、标准设置和学业评价[M]. 上海: 上海科学技术出版社.

李艳，葛诗利. 2008. 大学英语作文自动评分中分级词表的效度研究[J]. 外语与外语教学, (10): 48-52.

李玉龙，辜向东. 2019. 《中国英语能力等级量表》研究综述[J]. 外语与翻译, (1): 85-92.

李志雪，李景泉. 2005. 中国高水平英语学习者产出性词汇使用情况研究——基于对中美大学生英语作文范文的对比分析[J]. 山东外语教学, (5): 56-59.

刘丹丹，吴艳. 2014. 显性/隐性强化对二语词汇和语法习得的影响研究[J]. 外语界, (5): 57-66.

刘迪麟，雷蕾. 2020. 学术词表研究综述[J]. 外语教学, (2): 34-38, 50.

刘建达. 2015. 我国英语能力等级量表研制的基本思路[J]. 中国考试, (1): 7-11.

刘建达. 2017. 中国英语能力等级量表与英语学习[J]. 中国外语, (6): 4-11.

刘建达. 2019. 中国英语能力等级量表与英语教学[J]. 外语界, (3): 7-14.

刘建达，韩宝成. 2018. 面向运用的中国英语能力等级量表建设的理论基础[J]. 现代外语, (1): 78-90.

刘建达，彭川. 2017. 构建科学的中国英语能力等级量表[J]. 外语界, (2): 2-9.

刘建达，吴莎. 2019. 中国英语能力等级量表研究[M]. 北京: 高等教育出版社.

刘建珠，穆雷，王巍巍. 2017. 基于“CEFR”综合语言能力框架的口译能力构成研究[J]. 山东外语教学, (1): 84-91, 108.

刘萍，刘座雄. 2018. 基于 ESP 语料库的学术英语词汇学习法的有效性研究[J]. 外语研究, (3): 54-60.

刘芹，刘鸿颖. 2020. 中国理工科大学生学术英语教学调查研究[J]. 外语界, (5): 47-54.

栾岚. 2013. 基于笔语语料库的大学英语学生词汇发展研究[J]. 外语学刊, (2): 126-130.

马蓉. 2017. 学术词汇研究四十五年[J]. 现代外语, (3): 420-428.

闵尚超. 2019. 接受型语言考试与语言标准对接的效度问题——一致性[J]. 现代外语, (5): 696-708.

闵尚超，何莲珍，罗兰. 2018. 中国英语听力能力等级量表描述语效度验证——基于学生自我评价的多级计分 IRT 模型分析[J]. 中国外语, (2): 72-81.

闵尚超，姜子芸. 2020. 校本听力考试与《中国英语能力等级量表》对接研究[J]. 外语教学, (4): 47-51.

欧洲理事会文化合作教育委员会. 2008. 欧洲语言共同参考框架:学习、教学、评估[M]. 刘骏, 傅荣译. 北京: 外语教学与研究出版社.

潘鸣威. 2017. 中国英语写作能力等级量表的典型写作活动构建——系统功能语言学的文本类型视角[J]. 外语界, (2): 37-43, 52.

潘鸣威. 2018. 中国英语写作能力等级量表研究——写作能力发展的视角[J]. 中国外语, (3): 78-85.

潘鸣威, 吴雪峰. 2019. 中国英语能力等级量表在中小学英语形成性评价中的应用——以写作能力为例[J]. 外语界, (1): 89-96.

钱多多. 2016. 雅思口语观点库[M]. 北京: 中国人民大学出版社.

乔丽婷, 王文宇. 2020. 词典使用对二语写作词汇使用影响的实证研究——以中国英语学习者为例[J]. 外语研究, (5): 36-42.

上海高校大学英语教学指导委员会. 2015. 通用学术英语教学参考词表[M]. 上海: 上海交通大学出版社.

盛仁泽. 2012. 显性、隐性学习视野下认知派与社会文化派之比较[J]. 外国语文, (2): 115-119.

孙凤兰. 2017. 国外学术英语口语词汇覆盖率最新研究述评[J]. 外语研究, (5): 61-65.

王健, 李洪民. 2015. 中断学习二语习得者的二语词汇磨蚀研究[J]. 外语界, (1): 22-31.

王建华. 2016. 语块认知与同传流畅性——一项基于语块认知训练的实证研究[J]. 外语教学与研究, (5): 765-775.

王守仁. 2016. 《大学英语教学指南》要点解读[J]. 外语界, (3): 2-10.

王守仁. 2018. 中国英语能力等级量表在大学英语教学中的应用[J]. 外语教学, 39(4): 1-4.

王守仁, 姚成贺. 2013. 关于学术英语教学的几点思考[J]. 中国外语, (5): 4-10.

王巍巍. 2017. 中国英语口译能力等级量表构建与应用——以口译教学中的形成性评估为例[J]. 外语界, (6): 2-10.

王巍巍, 许艺, 穆雷. 2018. 中国英语能力等级量表中的口译能力[J]. 现代外语, (1): 111-121.

卫乃兴. 2016. 学术英语再思考: 理论、路径与方法[J]. 现代外语, (2): 267-277.

文秋芳. 2006. 英语专业学生口语词汇变化的趋势与特点[J]. 外语教学与研究, (3): 189-195.

文秋芳. 2013. 输出驱动假设在大学英语教学中的应用: 思考与建议[J]. 外语界, (6): 14-22.

文秋芳. 2014. 大学英语教学中通用英语与专用英语之争: 问题与对策[J]. 外语与外语教学, (1): 1-8.

吴介焜, 赵雯. 2018. 《中国英语能力等级量表》语法描述语研究——以写作中的准情态动词为例[J]. 外语测试与教学, (4): 32-44.
吴瑾. 2011. 中国研究生产出性学术词汇知识深度的语料库研究[J]. 外语教学, (2): 52-55.
吴瑾, 王同顺. 2007. Coxhead“学术词汇表”的适用性研究[J] 国外外语教学, (2): 28-33.
伍萍. 2014. 任务驱动下的语块教学训练模式有效性研究[J]. 外语教学理论与实践, (1): 34-41.
吴莎. 2019. 国际英语考试对接中国英语能力等级量表的预期效应[J]. 现代外语, (5): 672-683.
许艺, 穆雷. 2017. 中国英语口译能力等级量表的策略能力构建——元认知理论视角[J]. 外语界, (6): 11-19.
杨惠中, 桂诗春. 2007. 语言测试的社会学思考[J]. 现代外语, (4): 368-374.
雍和明. 2004. 语言・词典与词典学[J]. 外语与外语教学, (1): 48-51.
游金干, 何家宁. 2016. 面向词典编纂的商务英语教材语料库建设[J]. 外语教学理论与实践, (4): 59-64.
曾用强. 2017. 中国英语能力等级量表的“阅读量表”制定原则和方法[J]. 外语界, (5): 2-11.
张道真. 1995. 实用英语语法[M]. 北京: 外语教学与研究出版社.
张洁, 王伟强. 2019. 接受型语言考试与语言标准对接的效度问题——来自标准设定过程的证据[J]. 现代外语, (5): 684-695.
张洁, 赵亮. 2017. 基于学习者视角的中国英语能力等级量表听力描述语质量验证[J]. 外语界, (4): 20-26, 43.
张琦. 2019. 我国学术英语教材出版问题探析[J]. 出版广角, (14): 80-82.
张晓艺. 2017. 英语阅读能力描述语的“可理解性”研究: 外语学习者视角[J]. 外语界, (5): 12-21.
张新玲, 张思雨. 2017. 综合性读写结合写作能力构念实证研究——中国英语能力等级量表框架视角[J]. 外语界, (5): 22-31.
张亦政, 张文芝. 1995. 主观与客观: 教学词表选词论旨[J]. 外语界, (1): 37-43.
赵继政. 2008. 背诵对英语语块习得的影响[J]. 外语教学理论与实践, (2): 45-49.
中华人民共和国教育部. 2020. 普通高中英语课程标准 (2017 年版 2020 年修订) [M]. 北京: 人民教育出版社.
周惠, 刘永兵. 2015. 中国英语学习者学术语块使用的语篇评价意义研究——以学术立场语块的语义韵为例[J]. 外语界, (6): 35-44.
朱东华, 金利民. 2012. 破解中外学术交流的困境——从《现代大学英语》精读教材看增加学术词汇的必要性[J]. 中华文化论坛, (5): 184-187.
邹斌. 2015. 从中外合作大学学术英语教学看大学英语教学改革——以西交利物浦大学

为例[J]. 外语界, (6): 69-76.

Ackermann, K. & Chen, Y.-H. 2013. Developing the academic collocation list (ACL): A corpus-driven and expert-judged approach[J]. *Journal of English for Academic Purposes,* 12(4): 235-247.

AlHassan, L. & Wood, D. 2015. The effectiveness of focused instruction of formulaic sequences in augmenting L2 learners' academic writing skills: A quantitative research study[J]. *Journal of English for Academic Purposes,* 17: 51-62.

Anderson, R. C. & Freebody, P. 1979. Vocabulary knowledge and reading. Reading education report No. 11[R]. Urbana: University of Illinois at Urbana-Champaign.

Anglin, J. M. 1993. Vocabulary development: A morphological analysis[J]. *Monographs of the Society for Research in Child Development,* (10): 1-165.

Anthony, L. 2020. AntConc (Version 3.5.9) [Computer Software]. Tokyo: Waseda University. Available from https://www.laurenceanthony.net/software.

Atkinson, R. C. 1972. Optimizing the learning of a second-language vocabulary[J]. *Journal of Experimental Psychology,* 96: 124-129.

Baker, M. 1988. Sub-technical vocabulary and the ESP teacher: An analysis of some rhetorical items in medical journal articles[J]. *Reading in a Foreign Language,* (2): 91-105.

Barber, C. L. 1962. Some measurable characteristics of modern scientific prose[C]. In C. L. Barber (Ed.), *Contributions to English Syntax and Philology* (pp. 21-43). Goteburg: ACTA Universitatis Gothoburgensis.

Barcroft, J. 2009. Strategies and performance in intentional L2 vocabulary learning[J]. *Language Awareness,* 18(1): 74-89.

Bardovi-Harlig, K. 2009. Conventional expressions as a pragmalinguistic resource: Recognition and production of conventional expressions in L2 pragmatics[J]. *Language Learning,* 59(4): 755-795.

Bauer, L. & Nation, P. 1993. Word families[J]. *International Journal of Lexicography,* 6(4): 253-279.

Becher, T. 1989. *Academic Tribes and Territories: Intellectual Enquiry and the Cultures of Disciplines*[M]. Bristol: The Society for Research into Higher Education and Open University Press.

Beglar, D. 2010. A Rasch-based validation of the vocabulary size test[J]. *Language Testing,* 27(1): 101-118.

Beglar, D. & Hunt, A. 1999. Revising and validating the 2000 word level and university word level vocabulary tests[J]. *Language Testing,* 16(2): 131-162.

Beglar, D. & Nation, P. 2014. Assessing vocabulary[C]. In A. J. Kunnan (Ed.), *The Companion to Language Assessment* (pp. 172-184). Oxford: Wiley.

Bi, J. 2020. How large a vocabulary do Chinese computer science undergraduates need to read English-medium specialist textbooks?[J]. *English for Specific Purposes*, 58: 77-89.

Biber, D. 2006. *University Language: A Corpus-based Study of Spoken and Written Registers*[M]. Amsterdam: John Benjamins.

Biber, D. 2009. A corpus-driven approach to formulaic language in English[J]. *International Journal of Corpus Linguistics*, 14(3): 275-311.

Biber, D., Conrad, S., Reppen, R., et al. 2002. Speaking and writing in the university: A multidimensional comparison[J]. *TESOL Quarterly*, 36: 9-48.

Boers, F., Demecheleer, M., Coxhead, A., et al. 2014. Gauging the effects of exercises on verb-noun collocations[J]. *Language Teaching Research*, 18(1): 54-74.

Bogaards, P. 2000. Testing L2 vocabulary knowledge at a high level: The case of the *Euralex French Tests*[J]. *Applied Linguistics*, 21(4): 490-516.

Brezina, V. & Gablasova, D. 2013. Is there a core general vocabulary? Introducing the *New General Service List*[J]. *Applied Linguistics*, 36(1): 1-22.

Brown, D. 2010. An improper assumption? The treatment of proper nouns in text coverage counts[J]. *Reading in a Foreign Language*, 22: 355-361.

Brown, D. 2013. Types of words identified as unknown by L2 learners when reading[J]. *System*, 41: 1043-1055.

Brown, R., Waring, R. & Donkaewbua, S. 2008. Incidental vocabulary acquisition from reading, reading-while-listening, and listening to stories[J]. *Reading in a Foreign Language*, 20(2): 136-163.

Browne, C. 2014. A new general service list: The better mousetrap we've been looking for?[J] *Vocabulary Learning and Instruction*, 3(2): 1-10.

Brysbaert, M. & New, B. 2009. Moving beyond Kučera and Francis: A critical evaluation of current word frequency norms and the introduction of a new and improved word frequency measure for American English[J]. *Behavior Research Methods*, 41(4): 977-990.

Brysbaert, M., Stevens, M., Mandera, P., et al. 2016. How many words do we know? Practical estimates of vocabulary size dependent on word definition, the degree of language input and the participant's age[J]. *Frontiers in Psychology*, 7: 1-11.

Cai, J. 2016. An exploratory study on an integrated genre-based approach for the instruction of academic lexical phrases[J]. *Journal of English for Academic Purposes*, 24: 58-74.

Campbell, C. 2012. *English for Academic Study: Vocabulary*[M]. Reading: University of

Reading Press.
Campion, M. E. & Elley, W. B. 1971. *An Academic Vocabulary List*[M]. Wellington: NZCER.
Carroll, J. B., Davies, P. & Richman, B. 1971. *The American Heritage Word Frequency Book*[M]. New York: Houghton Miffin, Boston American Heritage.
Chan, T.-p. & Liou, H.-C. 2005. Effects of web-based concordancing instruction on EFL students' learning of verb-noun collocations[J]. *Computer Assisted Language Learning*, 18(3): 231-250.
Chen, Q. & Ge, G.-c. 2007. A corpus-based lexical study on frequency and distribution of Coxhead's AWL word families in medical research articles (RAs)[J]. *English for Specific Purposes*, 26: 502-514.
Chung, T. & Nation, P. 2003. Technical vocabulary in specialised texts[J]. *Reading in a Foreign Language*, 15(2): 103-116.
Cizek, G. J. & Bunch, M. B. 2007. *Standard Setting: A Guide to Establishing and Evaluating Performance Standards on Tests*[M]. London: Sage Publications.
Clark, J. L. D. & Clifford, R. T. 1988. The FSI/ILR/ACTFL proficiency scales and testing techniques: Development, current status, and needed research[J]. *Studies in Second Language Acquisition*, 10(2): 129-147.
Clark, M. K. & Ishida, S. 2005. Vocabulary knowledge differences between placed and promoted EAP students[J]. *Journal of English for Academic Purposes*, 4(3): 225-238.
Cobb, T. 2008. Commentary: Response to McQuillan and Krashen (2008)[J]. *Language Learning & Technology*, 12(1): 109-114.
Cobb, T. & Horst, M. 2004. Is there room for an academic word list in French?[C]. In P. Bogaards, & B. Laufer (Eds.), *Vocabulary in a Second Language: Selection, Acquisition, and Testing* (pp. 15-38). Amsterdam: John Benjamins Publishing Company.
Cohen, J. 1988. *Statistical Power Analysis for the Behavioral Sciences*[M]. 2nd edn. Hillsdale: Erlbaum.
Council of Europe. 2001. *Common European Framework of Reference for Languages: Learning, Teaching, Assessment*[M]. Cambridge: Cambridge University Press.
Council of Europe. 2009. *Relating Language Examinations to the Common European Framework of Reference for Languages: A Manual*[M]. Strasbourg: Language Policy Division.
Cowan, J. R. 1974. Lexical and syntactic research for the design of EFL reading materials[J]. *TESOL Quarterly*, 8(4): 389-400.
Coxhead, A. 2000. A new academic word list[J]. *TESOL Quarterly*, 34(2): 213-238.

Coxhead, A. 2006. *Essentials of teaching academic vocabulary*[M]. Boston: Houghton Mifflin.

Coxhead, A. 2011. The academic word list 10 years on: Research and teaching implications[J]. *TESOL Quarterly*, 45(2): 355-362.

Coxhead, A. 2012. Academic vocabulary, writing and English for academic purposes: Perspectives from second language learners[J]. *RELC Journal*, 43(1): 137-145.

Coxhead, A. 2016. Reflecting on Coxhead (2000), "*A New Academic Word List*"[J]. *TESOL Quarterly*, 50(1): 181-185.

Coxhead, A. & Demecheleer, M. 2018. Investigating the technical vocabulary of plumbing[J]. *English for Specific Purposes*, 51: 84-97.

Coxhead, A. & Hirsh, D. 2007. A pilot science-specific word list[J]. *Revue Française de Linguistique Appliquée*, 12(2): 65-78.

Coxhead, A. & Nation, P. 2001. The specialized vocabulary of English for academic purposes[C]. In J. Flowerdew & M. Peacock (Eds.), *Research Perspectives on English for Academic Purposes* (pp.252-267). Cambridge: Cambridge University Press.

Coxhead, A., Nation, P. & Sim, D. 2014. Creating and trialling six versions of the vocabulary size test[J]. *TESOLANZ Journal*, 22: 13-27.

Coxhead, A., Stevens, L. & Tinkle, J. 2010. Why might secondary science textbooks be difficult to read?[J]. *New Zealand Studies in Applied Linguistics*, 16(2): 37-52.

Csomay, E. & Prades, A. 2018. Academic vocabulary in ESL student papers: A corpus-based study[J]. *Journal of English for Academic Purposes*, 33: 100-118.

Cunningham, J. W. & Moore, D. W. 1993. The contribution of understanding academic vocabulary to answering comprehension questions[J]. *Journal of Literacy Research*, 25(2): 171-180.

Dang, T. N. Y. 2018a. The nature of vocabulary in academic speech of hard and soft-sciences[J]. *English for Specific Purposes*, 51: 69-83.

Dang, T. N. Y. 2018b. A hard science spoken word list[J]. *ITL-International Journal of Applied Linguistics*, 169(1): 44-71.

Dang, T. N. Y., Coxhead, A. & Webb, S. 2017. The academic spoken word list[J]. *Language Learning*, 67(4): 959-997.

Dang, T. N. Y. & Webb, S. 2014. The lexical profile of academic spoken English[J]. *English for Specific Purposes*, 33: 66-76.

Dang, T. N. Y., Webb, S. & Coxhead, A. 2020. Evaluating lists of high-frequency words: Teachers' and learners' perspectives[J]. *Language Teaching Research*, 26(4): 617-641.

Decarrico, J. S. 2001. Vocabulary learning and teaching[C]. In M. Celce-Murcia (Ed.), *Teaching*

English as a Second or Foreign Language (3rd edn.) (pp. 285-299). Boston: Heinle & Heinle.

de Chazal, E. 2013. The general-specific debate in EAP: Which case is the most convincing for most contexts?[J]. *Journal of Second Language Teaching and Research*, 2(1): 135-148.

de Chazal, E. & Rodgers, L. 2012. *Oxford EAP* (Intermediate/B1+)[M]. Oxford: Oxford University Press.

Dudley-Evans, T. & John, M. St. 1998. *Developments in English for Specific Purposes: A Multi-Disciplinary Approach* [M]. Cambridge: Cambridge University Press.

Durrant, P. 2009. Investigating the viability of a collocation list for students of English for academic purposes[J]. *English for Specific Purposes*, 28(3): 157-169.

Durrant, P. 2014. Discipline and level specificity in university students' written vocabulary[J]. *Applied Linguistics*, 35(3): 328-356.

Durrant, P. 2016. To what extent is the academic vocabulary list relevant to university student writing?[J]. *English for Specific Purposes*, 43: 49-61.

Elgort, I. 2013. Effects of L1 definitions and cognate status of test items on the vocabulary size test[J]. *Language Testing*, 30(2): 253-272.

Ellis, N. C., Simpson-Vlach, R. & Maynard, C. 2008. Formulaic language in native and second language speakers: Psycholinguistics, corpus linguistics, and TESOL[J]. *TESOL Quarterly*, 42(3): 375-396.

Fan, M. 2000. How big is the gap and how to narrow it? An investigation into the active and passive vocabulary knowledge of L2 learners[J]. *RELC Journal*, 31(2): 105-119.

Farrell, P. 1990. Vocabulary in ESP: A lexical analysis of the English of electronics and a study of semi-technical vocabulary[J]. CLCS Occasional Paper No. 25 Trinity College: 1-83.

Fellbaum C. 1998. A semantic network of English verbs[C]. In C. Fellbaum (Ed.), *WordNet: An Electronic Lexical Database* (pp.69-104). Cambridge: The MIT Press.

Fellbaum C. 2005. WordNet and wordnets[C]. In K. Brown (Ed.), *Encyclopedia of Language and Linguistics* (2nd edn.) (pp.665-670). Oxford: Elsevier.

Firth, J. R. 1957. *Papers in Linguistics* (1934-1951)[M]. London: Oxford University Press.

Firth, J. R. 1968. *Selected Papers of J. R. Firth* (1952-1959)[M]. London and Bloomington: Longman and Indiana University Press.

Fulcher, G. & Davidson, F. 2007. *Language Testing and Assessment: An Advanced Resource Book*[M]. London: Routledge.

Gardner, D. 2007. Validating the construct of word in applied corpus-based vocabulary research: A critical survey[J]. *Applied Linguistics*, 28(2): 241-265.

Gardner, D. & Davies, M. 2014. A new academic vocabulary list[J]. *Applied Linguistics,* 35(3): 305-327.

Ghadessy, M. 1979. Frequency counts, word lists, and materials preparation: A new approach[J]. *English Teaching Forum,* 17(1): 24-27.

Goodman, A. & Payne, E. 1981. A taxonomic approach to the lexis of science[C]. In L. Selinker, E. Tarone & V. Hnazeli (Eds.), *English for Academic and Technical Purposes: Studies in Honour of Louis Trimble* (pp. 23-39). Rowley: Newbury House.

Green, C. 2019. Enriching the academic wordlist and secondary vocabulary lists with lexicogrammar: Toward a pattern grammar of academic vocabulary[J]. *System,* 87: 102-158.

Gu, Y. & Johnson, R. K. 1996. Vocabulary learning strategies and language learning outcomes[J]. *Language Learning,* 46(4): 643-679.

Gu, L. & So, Y. 2015. Voices from stakeholders: What makes an academic English test 'international'?[J]. *Journal of English for Academic Purposes,* 18: 9-24.

Hajiyeva, K. 2015. A corpus-based lexical analysis of subject-specific university textbooks for English majors[J]. *Ampersand,* 2: 136-144.

Halliday, M. A. K. 1978. *Language as Social Semiotic: The Social Interpretation of Language and Meaning*[M]. Baltimore: University Park Press.

Hancioğlu, N., Neufeld, S. & Eldridge, J. 2008. Through the looking glass and into the land of lexico-grammar[J]. *English for Specific Purposes,* 27(4): 459-479.

Harris, Z. 1968. *Mathematical Structures of Language*[M]. New York: Interscience Publishers.

Harris, Z. 1988. *A Theory of Language and Information: A Mathematical Approach*[M]. New York: Columbia University Press.

Hartshorn, K. & Hart, J. 2016. Comparing the academic word list with the academic vocabulary list: Analyses of frequency and performance of English language learners[J]. *Journal of Language Teaching and Learning,* 6(2): 70-87.

Hazenberg, S. & Hulstun, J. H. 1996. Defining a minimal receptive second-language vocabulary for non-native university students: An empirical investigation[J]. *Applied Linguistics,* 17(2): 145-163.

Henriksen, B. 1999. Three dimensions of vocabulary development[J]. *Studies in Second Language Acquisition,* 21: 303-317.

Hirsh, D. 2010. *Academic Vocabulary in Context*[M]. Bern: Peter Lang.

Hirsh, D. & Nation, P. 1992. What vocabulary size is needed to read unsimplified texts for pleasure?[J]. *Reading in a Foreign Language,* 8(2): 689-696.

Horst, M., Cobb, T. & Meara, P. 1998. Beyond a clockwork orange: Acquiring second language vocabulary through reading[J]. *Reading in a Foreign Language*, 11(2): 207-223.

Hsu, W. 2013. Bridging the vocabulary gap for EFL medical undergraduates: The establishment of a medical word list[J]. *Language Teaching Research*, 17(4): 454-484.

Hsu, W. 2014. Measuring the vocabulary load of engineering textbooks for EFL undergraduates[J]. *English for Specific Purposes*, 33: 54-65.

Hsu, W. 2018. The most frequent BNC/COCA mid-and low frequency word families in English-medium traditional Chinese medicine (TCM) textbooks[J]. *English for Specific Purposes*, 51: 98-110.

Hu, M. & Nation, P. 2000. Unknown vocabulary density and reading comprehension[J]. *Reading in a Foreign Language*, 13(1): 403-430.

Huckin, T. & Coady, J. 1999. Incidental vocabulary acquisition in a second language[J]. *Studies in Second Language Acquisition*, 21(2): 181-193.

Hudson, R. 1984. *Word Grammar*[M]. Oxford: Basil Blackwell.

Hulstijn, J. & Laufer, B. 2001. Some empirical evidence for the involvement load hypothesis in vocabulary acquisition[J]. *Language Learning*, 51(3): 539-558.

Hyland, K. & Tse, P. 2007. Is there an "Academic Vocabulary"?[J]. *TESOL Quarterly*, 41(2): 235-253.

Hyland, K. 2008. Academic clusters: Text patterning in published and postgraduate writing[J]. *International Journal of Applied Linguistics*, 18(1): 41-62.

Hymes, D. 1972. On communicative competence[C]. In J. B. Pride & J. Holmes (Eds.), *Sociolinguistics* (pp. 269-293). London: Penguin.

Jiang, X. & Smith, R. 2009. Chinese learners' strategy use in historical perspective: A cross-generational interview-based study[J]. *System*, 37: 286-299.

Jin, T., Li, Y. & Li, B. 2016. Vocabulary coverage of reading tests: Gaps between teaching and testing[J]. *TESOL Quarterly*, 50(4): 955-964.

Jin, T. & Lu, X. 2018. A data-driven approach to text adaptation in teaching material preparation: Design, implementation, and teacher professional development[J]. *TESOL Quarterly*, 52(2): 457-467.

Kawauchi, C. 2005. The effects of strategic planning on the oral narratives of learners with low and high intermediate L2 proficiency[C]. In R. Ellis (Ed.), *Planning and Task Performance in a Second Language* (pp. 143-164). Amsterdam: John Benjamins.

Khani, R. & Tazik, K. 2013. Towards the development of an academic word list for applied linguistics research articles[J]. *RELC Journal: A Journal of Language Teaching & Research*,

44(2): 209-232.

Kilgarriff, A. 1997. Putting frequencies in the dictionary[J]. *International Journal of Lexicography*, 10(2): 135-155.

Klapper, J. 2008. Deliberate and incidental: Vocabulary learning strategies in independent second language learning[C]. In S. Hurd & T. Lewis (Eds.), *Language Learning Strategies in Independent Settings* (pp. 159-178). Bristol: Multilingual Matters.

Kojic-Sabo, I. & Lightbown, P. M. 1999. Students' approaches to vocabulary learning and their relationship to success[J]. *The Modern Language Journal*, 83: 176-192.

Krashen, S. D. 1981. *Principles and Practice in Second Language Acquisition*[M]. London: Prentice-Hall.

Krashen, S. D. 1985. *The Input Hypothesis: Issues and Implications*[M]. London: Longman.

Krashen, S. D. 2003. *Explorations in Language Acquisition and Use*[M]. Portsmouth: Heinemann.

Krashen, S. D. 2013. The case for non-targeted, comprehensible input[J]. *Journal of Bilingual Education Research & Instruction*, 15(1):102-110.

Kremmel, B. & Schmitt, N. 2017. Vocabulary levels test[C]. In J. I. Liontas, T. International Association & M. DelliCarpini (Eds.), *The TESOL Encyclopedia of English Language Teaching* (pp. 1-7). Hoboken: John Wiley & Sons, Inc.

Laufer, B. & Nation, P. 1995. Vocabulary size and use: Lexical richness in L2 written production[J]. *Applied Linguistics*, 16: 307-322.

Laufer, B. & Nation, P. 1999. A vocabulary-size test of controlled productive ability[J]. *Language Testing*, 16: 33-51.

Laufer, B. & Goldstein, Z. 2004. Testing vocabulary knowledge: Size, strength, and computer adaptiveness[J]. *Language Learning*, 54: 399-436.

Laufer, B. & Paribakht, T. S. 1998. The relationship between passive and active vocabularies: Effects of language learning context[J]. *Language Learning*, 48(3): 365-391.

Lea, D., Bull, V., Webb, S., et al. 2014. *Oxford Learner's Dictionary of Academic English*[M]. Oxford: Oxford University Press.

Lee, S. H. & Muncie, J. 2006. From receptive to productive: Improving ESL learners' use of vocabulary in a postreading composition task[J]. *TESOL Quarterly*, 40: 295-320.

Leech, N. L., Barrett, K. C. & Morgan, G. A. 2005. *SPSS for Intermediate Statistics: Use and Interpretation* (2nd edn.)[M]. Mahwah: Lawrence Erlbaum Associates, Publishers.

Leech, G., Rayson, P. & Wilson, A. 2001. *Word Frequencies in Written and Spoken English*[M]. Harlow: Longman.

Lei, L. & Liu, D. 2016. A new medical academic word list: A corpus-based study with enhanced methodology[J]. *Journal of English for Academic Purposes*, 22: 42-53.

Lei, L. & Liu, D. 2018. The academic English collocation list: A corpus-driven study[J]. *International Journal of Corpus Linguistics*, 23(2): 216-243.

Li, Y. & Qian, D. D. 2010. Profiling the Academic Word List (AWL) in a financial corpus[J]. *System*, 38(3): 402-411.

Lin, L. H. F. & Morrison, B. 2010. The impact of the medium of instruction in Hong Kong secondary schools on tertiary students' vocabulary[J]. *Journal of English for Academic Purposes*, 9: 255-266.

Liu, D. 2012. The most frequently-used multi-word constructions in academic written English: A multi-corpus study[J]. *English for Specific Purposes*, 31(1): 25-35.

Liu, J. & Han, L. 2015. A corpus-based environmental academic word list building and its validity test[J]. *English for Specific Purposes*, 39: 1-11.

Lu, X., Yoon, J. & Kisselev, O. 2018. A phrase-frame list for social science research article introductions[J]. *Journal of English for Academic Purposes*, 36: 76-85.

Lynn, R. W. 1973. Preparing word-lists: A suggested method[J]. *RELC Journal*, 4(1): 25-28.

Macalister, J. 1999. School journals and *TESOL*: An evaluation of the reading difficulty of school journals for second and foreign language learners[J]. *New Zealand Studies in Applied Linguistics*, 5: 61-85.

Malmstrom, H., Pecorari, D. & Shaw, P. 2018. Words for what? Contrasting university students' receptive and productive academic vocabulary needs[J]. *English for Specific Purposes*, 50: 28-39.

Martin, A. 1976. Teaching academic vocabulary to foreign graduate students[J]. *TESOL Quarterly*, 10: 91-97.

Martínez, I. A., Beck, S. C. & Panza, C. B. 2009. Academic vocabulary in agriculture research articles: A corpus-based study[J]. *English for Specific Purposes*, 28(3): 183-198.

Martinez, R. & Schmitt, N. 2012. A phrasal expressions list[J]. *Applied Linguistics*, 33(3): 299-320.

Masrai, A. & Milton, J. 2018. Measuring the contribution of academic and general vocabulary knowledge to learners' academic achievement[J]. *Journal of English for Academic Purposes*, 31: 44-57.

Mauranen, A. 2004. Speech corpora in the classroom[C]. In G. Aston, S. Bernardini & D. Stewart (Eds.), *Corpora and Language Learners* (pp. 197-213). Amsterdam: John Benjamins.

McLean, S. & Kramer, B. 2015. The creation of a new vocabulary levels test[J]. *Shiken*, 19(2): 1-11.

McLean, S., Kramer, B. & Beglar, D. 2015. The creation and validation of a listening vocabulary levels test[J]. *Language Teaching Research*, 19(6): 741-760.

McQuillan, J. & Krashen, S. D. 2008. Commentary: Can free reading take you all the way? A response to Cobb (2007)[J]. *Language Learning & Technology*, 12(1): 104-108.

Meara, P. 1996. The third dimension of lexical competence[C]. Paper presented at the AILA congress, Jyväskylä.

Meara, P. 1997. Towards a new approach to modelling vocabulary acquisition[C]. In N. Schmitt & M. McCarthy (Eds.), *Vocabulary: Description, Acquisition, and Pedagogy* (pp.109-121). Cambridge: Cambridge University Press.

Melka, F. 1997. Receptive vs. productive aspects of vocabulary[C]. In N. Schmitt & M. McCarthy (Eds.), *Vocabulary: Description, Acquisition, and Pedagogy* (pp.84-102). Cambridge: Cambridge University Press.

Messick, S. 1989. Validity[C]. In R. L. Linn (Ed.), *Educational measurement* (3rd edn.) (pp. 13-103). New York: Macmillan.

Miller, G. A. 1990. Nouns in WordNet: A lexical inheritance system[J]. *International Journal of Lexicography*, 3(4): 245-264.

Miller, G. A. 1995. WordNet: A lexical database for English[J]. *Communications of the ACM*, 38(11): 39-41.

Miller, G. A., Beckwith, R., Fellbaum C., et al. 1990. Introduction to WordNet: An on-line lexical database[J]. *International Journal of Lexicography*, 3(4): 235-244.

Milton, J. 2009. *Measuring Second Language Vocabulary Acquisition*[M]. Bristol: Multilingual Matters.

Min, H. 2008. EFL vocabulary acquisition and retention: Reading plus vocabulary enhancement activities and narrow reading[J]. *Language Learning*, 58(1): 73-115.

Ming-Tzu, K. W. & Nation, P. 2004. Word meaning in academic English: Homography in the academic word list[J]. *Applied Linguistics*, 25(3): 291-314.

Mizumoto, A. 2010. *Exploring the Art of Vocabulary Learning Strategies: A Closer Look at Japanese EFL University Students*[M]. Tokyo: Kinseido.

Mochizuki, M. & Aizawa, K. 2000. An affix acquisition order for EFL learners: An exploratory study[J]. *System*, 28: 291-304.

Mondria, J. & Wiersma, B. 2004. Receptive, productive, and receptive þ productive L2 vocabulary learning: What difference does it make?[C]. In P. Bogaards & B. Laufer (Eds.),

Vocabulary in a Second Language: Selection, Acquisition, and Testing (pp. 79-100). Amsterdam: John Benjamins.

Mudraya, O. 2006. Engineering English: A lexical frequency instructional model[J]. *English for Specific Purposes*, 25: 235-256.

Mukoyama, M. 2004. *Word Card Learning*[D]. Unpublished M.A. thesis. Okayama: Notre Dame Seishin University.

Muñoz, V. L. 2015. The vocabulary of agriculture semi-popularization articles in English: A corpus-based study[J]. *English for Specific Purposes*, 39: 26-44.

Nagy, W. E. & Herman, P. A. 1987. Breadth and depth of vocabulary knowledge: Implications for acquisition and instruction[C]. In M. McKeown & M. Curtis (Eds.), *The Nature of Vocabulary Acquisition* (pp. 19-35). New York and London: Psychology Press.

Nagy, W. E., Herman, P. A. & Anderson, R. C. 1985. Learning words from context[J]. *Reading Research Quarterly*, 20: 233-253.

Nagy, W. & Townsend, D. 2012. Words as tools: Learning academic vocabulary as language acquisition[J]. *Reading Research Quarterly*, 47(1): 91-108.

Nakamura, T. 2002. *Vocabulary Learning Strategies: The Case of Japanese Learners of English*[M]. Kyoto: Koyo Shobo.

Nakata, T. 2011. Computer-assisted second language vocabulary learning in a paired-associate paradigm: A critical investigation of flashcard software[J]. *Computer Assisted Language Learning*, 24(1): 17-38.

Nation, I. S. P. 1983. Testing and teaching vocabulary[J]. *Guidelines*, 5(1): 12-25.

Nation, I. S. P. 1990. *Teaching and Learning Vocabulary*[M]. New York: Newbury House.

Nation, I. S. P. 2001. How many high frequency words are there in English?[C]. In M. Gill, A. Johnson, L. Koski, et al (Eds.), *Language, Learning, and Literature: Studies presented to Hakan Ringbom* (pp. 167-181). Abo: Abo Akademi University.

Nation, I. S. P. 2004. A study of the most frequent word families in the British National Corpus[C]. In P. Bogaards & B. Laufer (Eds.), *Vocabulary in a Second Language: Selection, Acquisition, and Testing* (pp. 3-13). Amsterdam: John Benjamins.

Nation, I. S. P. 2006. How large a vocabulary is needed for reading and listening?[J]. *The Canadian Modern Language Review*, 63(1): 59-82.

Nation, I. S. P. 2008. *Teaching Vocabulary: Strategies and Techniques*[M]. Boston: Heinle Cengage Learning.

Nation, I. S. P. 2009. New roles for L2 vocabulary?[C]. In W. Li & V. J. Cook (Eds.), *Contemporary Applied Linguistics Volume 1: Language Teaching and Learning* (pp.

99-116). London: Continuum.

Nation, I. S. P. 2012. The BNC/COCA word family lists[Z]. Retrieved from https://www.wgtn.ac.nz/lals/resources/paul-nations-resources/vocabulary-lists.

Nation, I. S. P. 2013. *Learning Vocabulary in Another Language* (2nd edn.)[M]. Cambridge: Cambridge University Press.

Nation, I. S. P. 2016. *Making and Using Word Lists for Language Learning and Testing*[M]. Amsterdam: John Benjamins.

Nation, P. 1993. Using dictionaries to estimate vocabulary size: Essential, but rarely followed, procedures[J]. *Language Testing*, 10(1): 27-40.

Nation, P. 2007. The four strands[J]. *Innovation in Language Learning and Teaching*, 1(1): 1-12.

Nation, P. 2014. How much input do you need to learn the most frequent 9,000 words?[J]. *Reading in a Foreign Language*, 26(2): 1-16.

Nation, P. & Anthony, L. 2016. Measuring vocabulary size[C]. In E. Hinkel & R. B. Baldauf (Eds.), *The Handbook of Research in Second Language Teaching and Learning* (pp. 355-368). Mahwah: Lawrence Erlbaum.

Nation, P. & Beglar, D. 2007. A vocabulary size test[J]. *The Language Teacher*, 31(7): 9-13.

Nation, P. & Crabbe, D. 1991. A survival language learning syllabus for foreign travel[J]. *System*, 19(3): 191-201.

Nation, I. S. P. & Deweerdt, J. 2001. A defence of simplification[J]. *Prospect*, 16(3): 55-65.

Nation, I. S. P. & Macalister, J. 2010. *Language Curriculum Design*[M]. New York: Routledge.

Nation, I. S. P. & Webb, S. 2011. *Researching and Analyzing Vocabulary*[M]. Boston: Heinle Cengage Learning.

Nation, P. & Hwang, K. 1995. Where would general service vocabulary stop and special purposes vocabulary begin?[J]. *System*, 23(1): 35-41.

Nation, P. & Ming-Tzu, K. W. 1999. Graded readers and vocabulary[J]. *Reading in a Foreign Language*, 12(2): 355-380.

Nerğis, A. 2013. Exploring the factors that affect reading comprehension of EAP learners[J]. *Journal of English for Academic Purposes*, 12(1): 1-9.

Nesi, H. 2002. An English spoken academic word list[C]. In A. Braasch & C. Povlsen (Eds.), *Proceedings of the Tenth EURALEX International Congress* (Vol. 1, pp. 351-358). Copenhagen: EURALEX.

Neufeld, S., Hancioğlu, N. & Eldridge, J. 2011. Beware the range in RANGE, and the academic in AWL[J]. *System*, 39(4): 533-538.

Nguyen, L. T. C. & Nation, P. 2011. A bilingual vocabulary size test of English for Vietnamese learners[J]. *RELC Journal*, 42: 86-99.

Noorizan, A. D., Shamsudin, S., Manan, A. A., et al. 2017. Frequency analysis of academic words in Malaysian secondary school English as second language textbooks: A corpus study[J]. *Advanced Science Letters*, (4): 3124-3127.

Norris, S. 2019. *Systematically Working with Multimodal Data: Research Methods in Multimodal Discourse Analysis*[M]. Hoboken: Wiley-Blackwell.

Nyikos, M. & Fan, M. 2007. A review of vocabulary learning strategies: Focus on language proficiency and learner voice[C]. In A. Cohen & E. Macaro (Eds.), *Language learner strategies: 30 years of research and practice* (pp. 251-273). Oxford: University Press.

Ohlrogge, A. 2009. Formulaic expressions in intermediate EFL writing assessment[C]. In R. Corrigan, A. Moravcsik, H. Ouali, et al (Eds.), *Formulaic Language, Volume 2: Acquisition, Loss, Psychological Reality, and Functional Explanations* (pp. 387-404). Amsterdam and Philadelphia: Benjamins.

Okamoto, M. 2007. Lexical attrition in Japanese university students: A case study[J]. *JACET Journal*, 44: 71-84.

Pan, F., Reppen, R. & Biber, D. 2016. Comparing patterns of L1 versus L2 English academic professionals: Lexical bundles in telecommunications research journals[J]. *Journal of English for Academic Purposes*, 21: 60-71.

Paquot, M. 2010. *Academic Vocabulary in Learner Writing: From Extraction to Analysis*[M]. London: Continuum.

Paquot, M. & Granger, S. 2012. Formulaic language in learner corpora[J]. *Annual Review of Applied Linguistics*, 32: 130-149.

Paribakht, T. S. & Webb, S. 2016. The relationship between academic vocabulary coverage and scores on a standardized English proficiency test[J]. *Journal of English for Academic Purposes*, 21: 121-132.

Paribakht, T. S. & Wesche, M. 1993. Reading comprehension and second language development in a comprehension-based ESL program[J]. *TESL Canada Journal*, 11: 9-29.

Paribakht, T. S. & Wesche, M. 1997. Vocabulary enhancement activities and reading for meaning in second language vocabulary acquisition[C]. In J. Coady & T. Huckin (Eds.), *Second Language Vocabulary Acquisition: A Rationale for Pedagogy* (pp.174-200). Cambridge: Cambridge University Press.

Pease, A., Fellbaum, C. & Vossen, P. 2008. *Building the Global WordNet Grid*[R]. Seoul: The CIL-18 Workshop on Linguistic Studies of Ontology.

Pecorari, D., Shaw, P. & Malmström, H. 2019. Developing a new academic vocabulary test[J].

Journal of English for Academic Purposes, 39: 59-71.

Pellicer-Sánchez, A. 2017. Learning L2 collocations incidentally from reading[J]. *Language Teaching Research*, 21(3): 381-402.

Pellicer-Sánchez, A. & Schmitt, N. 2010. Incidental vocabulary acquisition from an authentic novel: Do *Things Fall Apart*?[J]. *Reading in a Foreign Language*, 22(1): 31-55.

Peters, E. & Pauwels, P. 2015. Learning academic formulaic sequences[J]. *Journal of English for Academic Purposes*, 20: 28-39.

Pigada, M. & Schmitt, N. 2006. Vocabulary acquisition from extensive reading: A case study[J]. *Reading in a Foreign Language*, 18(1): 1-28.

Praninskas, J. 1972. *American University Word List*[M]. Harlow: Longman.

Qi, H. 2016. *A Corpus-based Comparison Between the Academic Word List and the Academic Vocabulary List*[D]. London: The University of Western Ontario, Electronic Thesis and Dissertation Repository.

Quero, B. 2015. *Estimating the Vocabulary Size of L1 Spanish ESP Learners and the Vocabulary Load of Medical Textbooks*[D]. Unpublished PhD thesis, New Zealand: Victoria University of Wellington.

Read, J. 2000. *Assessing Vocabulary*[M]. Cambridge: Cambridge University Press.

Read, J. 2007. Teaching and learning vocabulary: Bringing research into practice[J]. *Studies in Second Language Acquisition*, 29(1): 128-129.

Read, J. 2015. *Assessing English Proficiency for University Study*[M]. Basingstoke: Palgrave Macmillan.

Rolls, H. & Rodgers, M. P. H. 2017. Science-specific technical vocabulary in science fiction-fantasy texts: A case for 'language through literature'[J]. *English for Specific Purposes*, 48: 44-56.

Rubin, J. 1987. Learner strategies: Theoretical assumptions, research history and typology[C]. In A. Wenden & J. Rubin (Eds.), *Learner Strategies in Language Learning* (pp. 15-29). Englewood Cliffs: Prentice-Hall International Ltd.

Saito, H. 2008. A framework for goal-driven pair drills[J]. *ELT Journal*, 62(1): 56-65.

Sanaoui, R. 1995. Adult learners' approaches to learning vocabulary in second languages[J]. *The Modern Language Journal*, 79: 15-28.

Saragi, T., Nation, I. S. P. & Meister, G. 1978. Vocabulary learning and reading[J]. *System*, 6: 72-78.

Schmitt, N. 1998. Tracking the incremental acquisition of second language vocabulary: A longitudinal study[J]. *Language Learning*, 48: 281-317.

Schmitt, N. 2000. *Vocabulary in Language Teaching*[M]. Cambridge: Cambridge University Press.

Schmitt, N. 2008. Review article: Instructed second language vocabulary learning[J]. *Language Teaching Research*, 12(3): 329-363.

Schmitt, N. 2010. *Researching Vocabulary: A Vocabulary Research Manual*[M]. Basingstoke: Palgrave Macmillan.

Schmitt, N., Cobb, T., Horst, M., et al. 2017. How much vocabulary is needed to use English? Replication of van Zeeland & Schmitt (2012), Nation (2006) and Cobb (2007)[J]. *Language Teaching*, 50(2): 212-226.

Schmitt, N., Jiang, X. & Grabe, W. 2011. The percentage of words known in a text and reading comprehension[J]. *The Modern Language Journal*, 95: 26-43.

Schmitt, N. & Meara, P. 1997. Researching vocabulary through a word knowledge framework: Word associations and verbal suffixes[J]. *Studies in Second Language Acquisition*, 19: 17-36.

Schmitt, D. & Schmitt, N. 2005. *Focus on Vocabulary: Mastering the Academic Word List*[M]. New York: Longman Pearson Education.

Schmitt, N. & Schmitt, D. 2014. A reassessment of frequency and vocabulary size in L2 vocabulary teaching[J]. *Language Teaching*, 47(4): 484-503.

Schmitt, N., Schmitt, D. & Clapham, C. 2001. Developing and exploring the behaviour of two new versions of the vocabulary levels test[J]. *Language Testing*, 18(1): 55-88.

Schmitt, N. & Zimmerman, C. B. 2002. Derivative word forms: What do learners know?[J]. *TESOL Quarterly*, 36(2): 145-171.

Schofield, J. W. 2010. International evidence on ability grouping with curriculum differentiation and the achievement gap in secondary schools[J]. *Teachers College Record*, 112(5): 1492-1528.

Shanahan, D. 1997. Articulating the relationship between language, literature, and culture: Toward a new agenda for foreign language teaching and research[J]. *The Modern Language Journal*, 81(2): 164-174.

Silva, B. B. & Otwinowska, A. 2019. VST as a reliable academic placement tool despite cognate inflation effects[J]. *English for Specific Purposes*, 54: 35-49.

Simpson-Vlach, R. & Ellis, N. C. 2010. An academic formulas list: New methods in phraseology research[J]. *Applied Linguistics*, 31(4): 487-512.

Sinclair, J. M. 1987. *Collins COBUILD English Language Dictionary*[Z]. London: Collins.

Slavin, R. E. 1987. Ability grouping and student achievement in elementary schools: A best-evidence synthesis[J]. *Review of Educational Research*, 57(3): 293-336.

Sorell, C. J. 2013. *A Study of Issues and Techniques for Creating Core Vocabulary Lists for English as an International Language*[D]. Unpublished PhD thesis, New Zealand: Victoria University of Wellington.

Stahl, N. A., Brozo, W. G. & Simpson, M. L. 1987. Developing college vocabulary: A content analysis of instructional materials[J]. *Literacy Research and Instruction*, 26(3): 203-221.

Stahl, S. A. & Fairbanks, M. M. 1986. The effects of vocabulary instruction: A model-based meta-analysis[J]. *Review of Educational Research*, 56(1): 72-110.

Stewart, J. & White, D. A. 2011. Estimating guessing effects on the vocabulary levels test for differing degrees of word knowledge[J]. *TESOL Quarterly*, 45: 370-380.

Stubbs, M. & Barth, I. 2003. Using recurrent phrases as text-type discriminators: A quantitative method and some findings[J]. *Functions of Language*, 10(1): 61-104.

Summers, D. 1978. *Longman Dictionary of Contemporary English* (1st edn.)[M]. Harlow: Pearson Education Ltd.

Summers, D. 2001. *Longman Dictionary of Contemporary English* (3rd edn.)[M]. Harlow: Pearson Education Ltd.

Sutarsyah, C., Nation, P. & Kennedy, G. 1994. How useful is EAP vocabulary for ESP? A corpus based case study[J]. *RELC Journal*, 25(2): 34-50.

Swales, J. 1985. *Episodes in ESP*[M]. Oxford: Pergamon Press.

Swales, J. 1990. *Genre Analysis: English in Academic and Research Settings*[M]. Cambridge: Cambridge University Press.

Tadros, A. 1994. Predictive categories in expository text[C]. In M. Coultard (Ed.), *Advances in Written Text Analysis* (pp. 69-82). New York: Routledge.

Tannenbaum, R. J. & Baron, P. A. 2010. *Mapping TOEIC Test Scores to the STANAG 6001 Language Proficiency Levels*[R]. Princeton: Educational Testing Service.

Thompson, P. 2006. A corpus perspective on the lexis of lectures, with a focus on economics lectures[C]. In K. Hyland & M. Bondi (Eds.), *Academic Discourse across Disciplines* (pp. 253-270). New York: Peter Lang.

Thorndike, E. L. & Lorge, I. 1944. *The Teacher's Word Book of 30,000 Words*[M]. New York: Teachers College Columbia University.

Todd, R. W. 2017. An opaque engineering word list: Which words should a teacher focus on?[J]. *English for Specific Purposes*, 45: 31-39.

Tongpoon-Patanasorn, A. 2018. Developing a frequent technical words list for finance: A hybrid approach[J]. *English for Specific Purposes*, 51: 45-54.

Trimble, L. 1985. *English for Science and Technology*[M]. Cambridge: Cambridge University Press.

Valcourt, G. & Wells, L. 1999. *Mastery: A University Word List Reader*[M]. Ann Arbor: University of Michigan Press.

Valipouri, L. & Nassaji, H. 2013. A corpus-based study of academic vocabulary in chemistry research articles[J]. *Journal of English for Academic Purposes*, 12(4): 248-263.

Vanniarajan, S. 1997. An interactive model of vocabulary acquisition[J]. *Applied Language Learning*, 8: 183-216.

Vidal, K. 2011. A comparison of the effects of reading and listening on incidental vocabulary acquisition[J]. *Language Learning*, 61(1): 219-258.

Vincent, B. 2013. Investigating academic phraseology through combinations of very frequent words: A methodological exploration[J]. *Journal of English for Academic Purposes*, 12(1): 44-56.

Vongpumivitch, V., Huang, J.-y. & Chang, Y.-C. 2009. Frequency analysis of the words in the Academic Word List (AWL) and non-AWL content words in applied linguistics research papers[J]. *English for Specific Purposes*, 28(1): 33-41.

Wang, J., Liang, S.-l. & Ge, G.-c. 2008. Establishment of a medical academic word list[J]. *English for Specific Purposes*, 27(4): 442-458.

Ward, J. 2009. A basic engineering English word list for less proficient foundation engineering undergraduates[J]. *English for Specific Purposes*, 28(3): 170-182.

Ward, J. & Chuenjundaeng, J. 2009. Suffix knowledge: Acquisition and applications[J]. *System*, 37: 461-469.

Waring, R. 1997. A study of receptive and productive learning from word cards[J]. *Studies in Foreign Languages and Literature*, 21(1): 94-114.

Waring, R. 2010. Factors in second language acquisition: Opportunity, exposure, uptake and retention[C]. Paper presented at YOJALT, Yokohama, Japan.

Waring, R. & Nation, P. 2004. Second language reading and incidental vocabulary learning[J]. *Angles on the English-speaking World*, 4: 11-23.

Waring, R. & Takaki, M. 2003. At what rate do learners learn and retain new vocabulary from reading a graded reader?[J]. *Reading in a Foreign Language*, 15(2): 130-163.

Webb, S. 2005. Receptive and productive vocabulary learning: The effects of reading and writing on word knowledge[J]. *Studies in Second Language Acquisition*, 27: 33-52.

Webb, S. 2007. The effects of repetition on vocabulary knowledge[J]. *Applied Linguistics*, 28(1): 46-65.

Webb, S. 2008. Receptive and productive vocabulary sizes of L2 learners[J]. *Studies in Second Language Acquisition*, 30(1): 79-95.

Webb, S. 2009. The effects of receptive and productive learning of word pairs on vocabulary knowledge[J]. *RELC Journal*, 40(3): 360-376.

Webb, S. & Nation, P. 2008. Evaluating the vocabulary load of written text[J]. *TESOLANZ Journal*, 16: 1-10.

Webb, S., Newton, J. & Chang, A. 2013. Incidental learning of collocation[J]. *Language Learning*, 63(1): 91-120.

Webb, S. & Paribakht, T. S. 2015. What is the relationship between the lexical profile of test items and performance on a standardized English proficiency test?[J]. *English for Specific Purposes*, 38: 34-43.

Webb, S. A. & Sasao, Y. 2013. New directions in vocabulary testing[J]. *RELC Journal*, 44(3): 263-277.

Webb, S., Sasao, Y. & Balance, O. 2017. The updated vocabulary levels test: Developing and validating two new forms of the VLT[J]. *ITL-International Journal of Applied Linguistics*, 168(1): 34-70.

Wesche, M. & Paribakht, T. S. 1996. Assessing second language vocabulary knowledge: Depth versus breadth[J]. *The Canadian Modern Language Review*, 53: 13-40.

West, M. 1935. *Definition Vocabulary. Bulletin of the Department of Educational Research*[Z]. Toronto: University of Toronto.

West, M. 1953. *A General Service List of English Words*[M]. London: Longman, Green.

West, M. 1960. *Teaching English in Difficult Circumstances*[M]. London: Longman.

West, M. 1968. The minimum adequate (A quest)[J]. *ELT Journal*, 22(3): 205-210.

Wray, A. 2000. Formulaic sequences in second language teaching: Principle and practice[J]. *Applied Linguistics*, 21(4): 463-489.

Wray, A. 2002. *Formulaic Language and the Lexicon*[M]. Cambridge: Cambridge University Press.

Xue, G. & Nation, P. 1984. A university word list[J]. *Language Learning and Communication*, 3(2): 215-219.

Yamamoto, Y. 2014. Multidimensional vocabulary acquisition through deliberate vocabulary list learning[J]. *System*, 42: 232-243.

Yang, H. 1986. A new technique for identifying scientific/technical terms and describing science texts[J]. *Literary and Linguistic Computing*, 1(2): 93-103.

Yang, M.-N. 2015. A nursing academic word list[J]. *English for Specific Purposes*, 37: 27-38.

Zahar, R., Cobb, T. & Spada, N. 2001. Acquiring vocabulary through reading: Effects of frequency and contextual richness[J]. *The Canadian Modern Language Review*, 57(4): 541-572.